世界一清潔な空港の清掃人と
日本一のごみ清掃員をめざす芸人が見つけた

「ごみと掃除と幸せな人生」

Garbage,
Cleaning and
a Happy life

新津春子×滝沢秀一《マシンガンズ》

うれしい変化を
あなたも起こして
みませんか？

はじめに

本書は、「幸せになりたい」「何かを変えたい」「人生を豊かにしたい」「もっとラクに生活がしたい」「性格を明るくしたい」「環境について知りたい」「未来をもっと考えたい」「ごみの分別を知りたい」「掃除の仕方を知りたい」「ごみに関心がある」「掃除に関心がある」等々——ひとつでも当てはまった方には、ぜひ読んでいただきたいと思っています。

そしてここまで目を通して「ごみや掃除と幸せは関係ないでしょ」と思ったあなた、あなたにこそ読んでもらいたいと思っています。

ごみの分別方法やアイデア、掃除のアドバイスはもちろん、それを通じて思いやりの心や考える力を身につけ、自分の力で幸せをたぐり寄せるヒントが書かれています。

自分の部屋を思い出してみてください。掃除は行き届いていますか？　整理整頓されていますか？　ムダなものであふれていませんか？

ごみ箱を思い出してみてください。分別はきちんとされていますか？　なんでも捨てていませんか？　ビンや缶はきれいにしてから捨てていますか？

部屋の中の様子とごみ箱を見れば、今の自分の状態がわかります。そこが汚れていたり乱れていたりするときは、心にも余裕がなかったり、体調が悪かったり、悩みやストレスを抱えていたりすることが多いです。

そんなとき、「忙しいから」「疲れているから」と、部屋を整えるのをあと回しにしていませんか？　そうではなく、部屋をきちんと整えれば、おのずと自分の生活が気持ちよく、ゆとりあるものになっていくのです。

新津と滝沢のふたりがこのタイミングでタッグを組んだのには理由があります。

清掃とごみ清掃、似たような仕事ですが、出会った当初はお互いの仕事内容や仕事への向き合い方、考え方については、あまりわかっていませんでした。

清掃をすればごみが出ます。ただそのごみがどのように回収され、どのように処分されていくかはわからないこともありましたし、一方、ごみも回収するけれど、ごみが出るその手前の家の掃除や快適な暮らし方まではあまり考えたことがありませんでした。

　そんなふたりが、お互いの仕事内容や仕事への向き合い方、考え方について意見を交換しながら考えを深めていくうちに、大きな共通点があることに気がつきました。

　それがこれから本書で詳しく説明する「ごみや掃除ときちんと向き合えば人生が変わる」ということです。

　これは清掃の仕事に関わっている私たちだけでなく、すべての人に言えることです。


　新津があるご夫婦のお宅にハウスクリーニングにうかがったときのことです。

　出迎えてくださった奥さんが「私は新津さんの掃除の本に救われたんです！」と、涙を流されたんです。彼女の手にあった数冊の私の著書にはていねいにカバーがかけられ、その内側に心に残ったフレーズがびっしりメモされていました。ここまで読み込んでくださる人がいることに驚き、また、喜んでもらえたことに、逆にこちらも感激して頑張る勇気をもらえました。

　滝沢のまわりでも、「滝沢ごみクラブ」の活動や講演会などに足を運んでくださった人たちから「滝沢さんのつぶやきを見て毎日のごみ出しが楽しくなりました！」とか、「子どもが率先して真似《まね》するので親子の会話が増えました」とか、「ごみ分別が楽しくなるなんて思わなかったし、やりがいができました！」などと、たくさんの報告をもらっています。老若男女問わず、笑顔で楽しさを伝えてくださる方々を通して「ごみひとつから多くの人に幸せな変化が生まれる」ことを実感しています。

このように、感激する出会いやうれしい報告をもらうたびに、ふたりが見つけた「ごみと掃除と幸せな人生」のルールのようなものをもっと多くの人に知ってもらって、人生をよい方向に変えてもらいたい、と思うようになりました。

また、日本は地震などの自然災害が多い国です。しかもそれらの自然災害は待ったなしでやってきます。そのときに命を守る備えのひとつとしても、ふだんからごみをためないことや、自宅を整理整頓しておくことは大切ではないでしょうか。

災害発生時、家の中が整理整頓されていないために逃げ遅れたり、あふれるモノにつぶされたりすれば命にかかわります。そのような状況になれば、ごみも思うように捨てられず、部屋に散乱してニオイも出ます。しばらく水も使えません。現実は想像するよりもっと厳しいことでしょう。さらに災害時には災害ごみと生活ごみを同時に処理していかなくてはなりません。想像を絶する量のごみと対峙《たいじ》しなくてはならなくなります。

ふだんから自分の住む家や身のまわりをきちんと整えた状態にしておくことは、毎日の暮らしを清潔に明るく楽しくするためにはもちろん、災害などの緊急時のことを考えたときも重要だと思うのです。

生きていればいろいろなことが起こり、日々さまざまな課題に直面します。

そんな世の中で、何かを変えたいけれど何から始めればいいのかわからないと感じている方も多いのではないでしょうか。

だからこそ今、ふたりで本を出版することにしたのです。

本書のタイトルにある「幸せな人生」とは、必ずしも新津と滝沢の人生をさしているわけではありません。

世界一清潔な空港の清掃人、新津春子

日本一のごみ清掃員をめざす芸人、マシンガンズ滝沢この肩書だけ見れば、幸せな人生に思えるかもしれませんが、ここにいたるまでのふたりは苦難と挫折の連続でした。

そんな苦難と挫折を乗り越えられたのは、夢中になって清掃とごみ清掃に向き合ってきたおかげです。


「それはふたりとも仕事だからでしょ」

そう考える方もいらっしゃると思います。

清掃もごみ清掃も私たちにとっては仕事ですが、ふだん暮らしていれば、どちらも生活から切り離せないものです。関係ないという人はいないでしょう。


本章で詳しく書いていますが、清潔に暮らすことで自分や自分のまわりの人の考え方が変わります。そしてその考え方の変化が少しずつその人の人生を変え、「幸せ」に近づいていくのです。

準備もお金もいりません。本書に書いてあることは、読んだその日、そのときから実践できることばかりです。どれかひとつでもかまいません。ひとつでも実践すれば、そこから毎日が充実していくのを実感できると思います。

そしてその先にお願いがあります。
新津と滝沢と一緒に明るい未来、楽しい未来をつくっていきませんか？
ふたりだけではできることは限られています。
「地球の明るい未来のために」という思いはあっても限界があります。
ふたりができることに限界はあっても、多くの方が共感して行動してくだされば、
それは大きな力になって、明るい未来、楽しい未来につながると思うんです。
未来を明るく、楽しくすることは、自分や好きな人を大切にすることになります。
同時に自分や好きな人を大切にすることは、未来を大切にすることにつながります。
その最初の一歩としてごみ捨てや掃除に取り組んでみませんか？

本書を読んで考え方や日々の生活が変化し、幸せを実感できる方がひとりでも多く増えていくことを願っています。

新津春子
滝沢秀一（マシンガンズ）

Contents

第2章 「清潔に暮らす」って大事なこと

~毎日が驚くほど快適になる大切な「ルール」

第3章 ごみも掃除もためないのが、開運のコツ！

～簡単なのに効果抜群の小さな工夫

第4章 これを日常生活の「習慣」にしよう！

～実践したら、人生変わりました！

対談

幸せにつながる「道」のつくり方

執筆
新津春子
滝沢秀一

◎企画協力
日本空港テクノ株式会社
楊樹坤（日本空港ビルデング株式会社）
高畠久美子（太田プロダクション）
田中祐士（太田プロダクション）

◎構成・編集協力
小林知之

◎写真撮影
増田岳二

第1章

「ごみと掃除」から人生を考えてみた

〜知らないと損する「楽しくなるごみ捨て」と「幸せになる掃除」

やるしかなかった仕事で見つけた「幸せのコツ」

夢をかなえる「道」の始まり

テレビや雑誌などで取材を受けると、必ず聞かれるのが「なぜ掃除の仕事を選んだのですか?」ということです。清掃の仕事って、やっぱりたいへんなイメージがあるからだと思います。この質問をされるたびに、「選ぶ」という言葉はちょっと違うなと感じます。この仕事をやりたくて選んだわけではないからです。

ほかの著書にも書いていますが、私は中国残留日本人孤児二世として、中国の瀋陽《しんよう》で生まれ育ちました。そして17歳のときに、家族と一緒に日本にやってきました。

家族以外は身寄りもなく、日本に来て一週間たつ頃には、まったくお金がありませんでした。それでもご飯は食べていかないといけません。ですから、すぐに仕事につく必要がありました。

私は、日本語は話せませんでしたが、文字の意味はなんとなく理解できました。中国語の漢字と日本語の漢字は似ていますよね。とはいえ、すぐにつける仕事は中華料理店のウエートレスか、清掃の仕事くらいでした。

当時の家族のいろいろな条件を考えたときに、「これならできる」と決めたのが、清掃の仕事でした。だから「選ぶ」というよりは、この仕事をやるしかなかった。好きとか嫌いとかを言っている場合ではありませんでした。

最初は言葉がわからなかったので、とにかくまわりを見て、真似して、覚えました。仕事の説明の中で理解できない言葉が出てきたときは、そのたびに意味を聞いて仕事を覚えていきました。

仕事が楽しくなった瞬間、人生が開けた!

清掃の仕事には学ぶことがたくさんあって、すぐに夢中になりました。夢中になって仕事に取り組んでいると、できなかったことが少しずつできるようになっていきます。それが自信につながっていくんですね。自信がつくと「もうひとつ新しいことができるようになろう！」と、やる気も出てきます。そうするうちに清掃の仕事をだんだん「楽しい」と思えるようになったのです。

自分のことしか見えていなかった頃は、目の前の仕事をこなすだけで精一杯でした。ところが、新しいことを覚えるのが楽しくなって、できることが増えると視野がぐんと広がるんですね。

視野が広がってまわりが見えるようになると、全体の中での仕事のポイントがつかめるようになり、任される仕事量が増えても効率よく作業できるようになりました。

すると心に余裕が生まれて、その場を使う人の気持ちを考えながら清掃できるようになったんです。

また、目の前の汚れを落とすだけではなく、「いつも同じ場所が汚れるのはどうしてなんだろう？」と、汚れてしまう原因もまわりの様子から探《さぐ》れるようになりました。

「次はこうしたらもっとよくなるんじゃないか？」

「もっと気持ちよく使ってもらえるようにするにはどうしたらいいのか？」

と探究心も出てきました。

相手を思う気持ちがあると、それが伝わるのか自然にお客様との会話が生まれ、「ありがとう」とお礼の言葉をかけていただけるようになりました。

「ありがとう」と言ってもらえると、うれしくて「もっときれいにして、気持ちよく使ってもらおう！」と思うようになり、ますます仕事が楽しくなっていきました。

前向きに取り組むことでスキルが向上していくと自信につながります。それが人に感謝され、必要とされていると実感することで、清掃の仕事が今では天職だと思えるほどやりがいのあるものに変わったのです。

仕事ゼロ、収入ゼロ、貯金ゼロの僕を救った「ごみ清掃」

今では「ごみ清掃芸人」として認知されるようになってきましたが、以前は「なんでごみ清掃員の仕事を選んだの？」と、よく聞かれました。僕も新津さんと同じように、ごみ清掃員をやりたいと思って選んだわけじゃないんですよ。ごみ清掃員の仕事しかなかったんです。

僕は芸歴26年、「マシンガンズ」というコンビで漫才をしている芸人です。これがなかなか厳しくて、この仕事の稼ぎだけでは食べていけない。一時期は『エンタの神様』や『爆笑レッドカーペット』などの人気お笑い番組に呼んでもらったりして、そこそこ生活はできていたんだけど、やっぱりお笑いの世界はそんなに甘いもんじゃない。仕事は徐々に減っていき、それに伴って収入も減っていきました。

それでも夫婦ふたりだったから、なんとかなっていたんだけど、36歳のときに転機が訪れたんです。妻の出産です。子どもは欲しかったのでうれしかったのですが、仕事ゼロ！　収入ゼロ！　貯金ゼロ！　そんな暗黒期真っただ中だったので、とにかく焦《あせ》ってアルバイト先を探しました。

「おいおい、そこは芸人で頑張れよ」って、思う人もいるかもしれないけど、頑張れば必ず結果が出てお金を稼げるようになる世界じゃない。というわけで、とにかく今日、明日の生活費が欲しかったのでバイト探し一択でした。

最初は、バイトならすぐに見つかるだろう、なんて軽い気持ちでいたんです。でも年齢が上がると応募できるバイトがめちゃくちゃ少なくなるんですよ。募集要項を見ると、ほとんどどれもが「35歳まで」って書いてある。面接どころか応募する資格すらない。「バイトできるのは35歳まで！」って学校で教えるべきだと思いますよ。

仕方がないので年齢不問の仕事を探して片っぱしから応募しました。居酒屋に断られて、カラオケ店に断られて、工場なら大丈夫だろうと思って応募しても断られて。

年齢も断られる理由のひとつだったんだけど、「週5日フルで働けない」というのがいちばん大きな理由だった。そうなると「芸人を辞めるしかないのかな」なんて思うようにもなってくる。でも最後の最後、お笑いの仕事を辞めた友だちに口利《き》きしてもらって、なんとか採用してもらえたのが、ごみ清掃員の仕事だったんです。

だから選ぶなんて、とんでもなくて、ワラにもストローにもすがる思いでつかんだ仕事がごみ清掃員だったわけ（ワラはいいけど、ストローは川に流さないでプラ資源に出してくださいね。紙ストローだったら可燃ごみに！）。

ごみ清掃員になって変わったこと

それまで、ごみのことをまじめに考えたことは一度もなかったし、ごみ分別の知識もゼロ。そんな僕が36歳で始めたごみ清掃の仕事はけっこうたいへんでした。

炎天下で熱中症になりかけながら走りまわってごみを回収したり、分別されていないごみがあったら袋を開けて中身を確認したり、分別して回収できないものは置いていったり……、『このゴミは収集できません』（白夜書房）でも書いているけど、なかなかハードな作業なんです。

でも、個人的には「つらい」という気持ちよりは「うれしい」という気持ちのほうが大きかった。

「ごみ清掃員をしていれば、とりあえず収入はあるし、お笑いを続けられる！」

そう思えたからです。

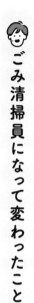

ところが、この仕事、始めてみると衝撃を受けることがたくさんありました。

そのひとつが**ごみの量**。

たとえば、ごみの清掃車って1台で約2トンのごみを収集できるんだけど、それを一日6回、集めては清掃工場に運んで10～12トン、それが全国で毎日何百何千台と走っているわけです。これ聞くと、ごみの量ってとんでもないと思いませんか？

東京都だけでも一日約990トンものごみを埋め立ててるんですよ。ケタがすごすぎて、なんのこっちゃわからないでしょ。

しかも2045年くらいには日本全体で最終処分場がいっぱいになって、ごみが捨てられなくなっちゃうかもしれない（令和3年度「一般廃棄物処理事業実態調査結果」より）。ごみが捨てられなくなるんだよ、衝撃でしょ！

さすがに「ごみを減らさなくちゃいけない」「どうしたらごみって減らせるんだろう？」って考えちゃうよね。

滝沢、日本一のごみ清掃員になる⁉

そこで、ごみの分別方法や集積所のルール、清掃員の苦労話など、ごみ清掃の実態をＳＮＳで毎日発信することにしたんです。

まずはＳＮＳを見ている人にごみに関心を持ってもらいたくて、「その人たちが興味を持つ情報ってどんなことだろう？」って、ネタを探しているうちに、僕個人としてもいろいろ興味がわいてきて、日々のごみと世の中のごみ問題に真剣に向き合うようになり、ついには「日本一のごみ清掃員になってやろう」と思うまでに。

「日本一になろう！」って思ったら、そこから一気にごみ清掃の仕事が楽しくなりました。日本一になるには、一生懸命取り組まないといけない。本気で取り組むと、同じように本気でごみのことを考える人たちが協力してくれるようになったりするんですよね。感謝してもらえることも増えました。

そうしたら自然とその人たちのためにも頑張ろうって思うようになる。すると、さらに仕事が楽しくなって、気がついたら「世の中の見え方」まで変わっていました。

覚悟を決めて、真剣に向き合うことで、一緒になって行動してくれる仲間が出てきて、生活のためにすがった「ストロー」が、人生の「太い幹」に変わりました。

目の前の仕事を楽しむにはどうしたらいい？

この本を読んでいる方の中には、今やっている仕事が必ずしも「やりたいこと」ではないという人も多いかもしれません。それどころか「やりたくない」仕事をしている人もいると思います。

清掃の仕事もごみ清掃の仕事も、仕方なく始めるにはなかなかキツいものです。

ですから、最初の頃は、というより、始めてからの数年は「生活のためにやらないといけない」「お金をもらうためにやるしかない」という気持ちでした。

でも、先に書いたように、最初はそんな気持ちで始めた仕事も、やろうと決めてそれに没頭していると、仕事をするときの気持ちが少しずつ変わっていく。

「これはどうしてなんだろう？」って興味を持つようにすると、不思議と「こんなこともやりたい！」という気持ちが出てくるんです。


最近、「仕事ってどうやったら楽しくなるんですか？」と聞かれることがあります。

でも実際、「仕事を楽しむ」ってそんなに簡単なことではないですよね。必ずやりたいことができるわけではなく、むしろやりたくないこと、しんどいこと、好きじゃないこと、それでもやらなければいけないことのほうが多いかもしれない。

そんなときは、好きとか嫌いとかはひとまず横に置いておいて、**「目の前のことを真剣に一生懸命やってみる」ことが大事**なんじゃないかと思います。


まずは、**自分が今やるべきことを一生懸命に**。

そして、そのときに考えてみてください。


「どうしたらもう少し早くできるかな？」

「どうしたらもう少し上手にできるかな？」

仕事によっていろんな「もう少し」があると思いますが、その「もう少し」の探究が達成されると、それが「満足」につながって、自信に変わっていきます。その自信を少しずつ増やしていくと、自然と楽しい気持ちが芽《め》生《ば》えてくるはずです。

仕事における「楽しさ」は、「エンジョイ」的な楽しさとはちょっと違って「おもしろがる」楽しさに近い気がします。

やらされるのではなく、自分で考えて行動して、できることや思考の幅を広げていく。そうすると、自分で立ち上げた疑問を解決できるだけでなく、迷いもなくなり、失敗することさえ「おもしろがれる」ようになっていくのです。

努力が必ず実るとは限らない、でも……

おもしろがるといえば、あるときふたりの趣味の話になりました。

するとお互い少し黙って考えてぽそっと出てきた言葉が、まさに「ごみ……」と「清掃……」。思わず、ふたりとも笑ってしまいました。趣味らしい趣味が出てこなかったのです。というよりも、そこまでこの仕事に没頭しているんです。

趣味は好きなことだから、誰に言われなくても時間を惜しまず楽しんでやりますよね。趣味のために仕事をしているという人もたくさんいると思います。

でも僕たちのような「趣味＝仕事」もありだと思います。ここまでいくと「強い」ですよね。だって仕事の活力になる趣味が仕事そのものなんですから。なんだかトンチや哲学の世界のようですね。でも、本当にそうなんです。

だからいつも、ごみと清掃にまつわる探究と進化の話題になると、ふたりとも話が止まらなくなります。そうやって、一生懸命向き合って、おもしろがれるようになると今度は人に伝えたくなるし、人に伝えると、共感してくれる「仲間」が増えていく。

これは何も同業者に限ったことじゃない。楽しそうに、おもしろそうに行動している人には共通するマインドがあり、そのマインドを共有するだけでなく、その人の持つ話題やテーマを尊重し、取り入れることで、さらに自分の行動や思考の幅が広がっていきます。

そうすれば、やりたくなかったことも「これ、もう天職だ！」って思えるくらい、楽しくなるかもしれないし、新しい可能性につながる出会いが生まれることもあるかもしれない。

努力が必ず実るとは限らないけれど、一生懸命やったことは必ず何か自分に役立つことに変わる。そう実感しています。

人生がスッキリ気持ちよくなる近道

それと、もうひとつ、私たちが仕事を通して感じているのは、**自分の身のまわりや自分の働いている会社、自分が住んでいる地域をきれいにする考え方や行動は、心を豊かにしてくれるだけでなく、幸せにあふれた人生への近道に導いてくれる**ということです。

なぜなら、ごみの問題や日々の掃除は、すべての人の生活に直結しているものですし、そこには気持ちよく生きるためのルールというか「大切なこと」がたくさん詰まっていると思うからです。

とはいえ、掃除にしてもごみの捨て方にしても、みなさんにいきなり仕事としてやっている私たちと同じようにやることを求めているわけではありません。

この本に書かれていることをやってみることが、何かひとつでも読者のみなさんの人生を変えるきっかけになってくれるといいなと思っています。

読み進めながら、共感したこと、試してみたいことなど、さまざまな発見をしてもらえたらうれしいです。

なお、この本には、「清掃」と「掃除」という言葉が出てきます。

仕事としてプロの技術で責任を持って、お金をいただいて行なっているのが「清掃」、それ以外の普段の生活の中で行なうものが「掃除」という考え方です。

自分の「居場所」を整えるということ

掃除は私たちの生活、仕事に直結している

掃除がなぜ日々の生活を豊かにするのか。

私は、掃除は「人間の営みのすべて」につながっていると思うんです。

たとえば、会社や飲食店を訪れたとき、業績のいい会社や繁盛しているお店は、必ずと言っていいほどすみずみまで掃除が行き届いています。そして、私の会社でも机の上や作業場をきれいにしている人は「仕事ができる人」が多いです。

東京国際空港（羽田空港）では、第1旅客ターミナル、第2旅客ターミナル、第3旅客ターミナルで合わせて500人を超える清掃員が働いています。

私もずっとそこで清掃の仕事をしてきましたが、現在は、空港の宣伝活動に携わりながら、環境マイスターとして清掃の実技指導や掃除道具の商品開発、ハウスクリーニングなどを中心に仕事をしています。

また、講演活動も行なって、清掃だけでなく仕事術やモチベーション向上などについてお話ししています。

先日も企業の社長だけが集まる会で、掃除について話をする機会がありました。

掃除は、作業としては、汚れをとってきれいにすることですが、じつはそれだけではありません。観察力や洞察力、そして効率よく作業できるように考える力が必要になってきます。

さらにきれいにしたあとのことも考える必要があります。つまり、その場所を使う人の気持ちまで考えて作業することが大事なのです。

ただ「掃除」といえばそれまでですが、そこに人材育成に役立つ何かがあると考えていらっしゃる社長が多いのだと思います。

パナソニックを一代で築き上げた、日本を代表する実業家・松下《まつした》幸《こう》之《の》助《すけ》氏も掃除を大切にしていた人物として知られていますよね。

仕事では日々の観察力や洞察力が必要ですし、効率よく作業できるようにタスクを整理しなければなりません。円滑に進めるために、取引先や社内の上司や同僚・後輩とうまく連携をとる必要もあります。

これ、ちょっと掃除と似ていませんか？

そう考えると、掃除を学ぶことは仕事のコツを学ぶことにもつながるのです。

新津流・部下をやる気にさせるコツ

私の後輩でほかの部署から異動してきた人がいました。以前は清掃とは関係のない仕事をしていたのですが、国家資格をとって現場責任者として仕事をすることになりました。私が指導することになったのですが、その教育期間中にトイレの清掃をしてもらうことにしました。

すると、「これ、私がやらないといけないんですか？」と言ってきたのです。

責任者になるからには、この仕事もやっておかないと、品質管理はおろか、人の管理なんてできません。トイレ清掃も、まずは自分の手でやってみて、コツも覚えておかないと、人にやってもらうときに指示できないですよね。そのことを説明しても「できません」と言うのです。

こんなときは、無理にやってもらってもうまくいかないんですね。

だから、「まずはトイレの壁をやろう」「そのあとは洗面台をやろう」と、あまり汚れていない、きれいな場所から清掃をしてもらいました。そこまでできたら、次はできたところを徹底的にほめるんです。「ここまで全部完璧にできてるよ！」って。

1か所でも自分できれいにできるとやる気も出てきます。そこで次は汚れていないトイレを清掃してもらう。そしてできたらほめる。

これは、清掃に限ったやり方ではないですよね。どんな仕事でも、指導するときは同じだと思います。

企業のトップが集まる講演でいつも私が話していること

ところで、企業のトップが集まる講演で私がとくに力を入れて話すことがあります。それは「玄関をきれいにしましょう」ということです。

玄関はいわば会社の顔です。そして幸せの通り道でもあると思っています。これは自分の家も一緒ですよね。玄関の印象は、会社や家の印象につながります。

それだけではありません。玄関が汚いと自分の会社や家のよくないところを見られたくないという心理が働いて、人を呼べなくなります。

「玄関をきれいにしましょう」というと、ほとんどの人が玄関まわりを掃《は》いたり、靴箱や玄関のたたきの掃除をしたりします。もちろんそれでいいのですが、もっと大切な個所があります。どこだかわかりますか？

それは**ドアノブ、郵便受け、そしてインターホンです。**

私が清掃の仕事でもっとも大切にしているのは、**相手の立場に立ってその人が使うときにどう思うのか、相手の気持ちを想像することです。**

お客様がいらっしゃると、まず玄関のインターホンを押しますよね。

そのボタンの周辺が汚れて色が変わっていたり、ホコリがたまっていたりしたらお客様はどう思うでしょうか？

ドアノブがべとついていたり、郵便受けにホコリがたまっていたりしたらどう思うでしょうか？

そんな会社といい仕事なんてできないと思うかもしれません。少なくともいい気持ちはしないですよね。

ふだんの掃除も、相手の立場に立って考えて作業することが大切。掃除が得意でないとか、掃除のやり方がわからないとか、それらはあとからいくらでもスキルアップできるのです。

この話をするとたいていの社長は「へぇ～！」と感心し、メモをしはじめます。清掃の重要性をわかっている社長でも、ここまで考えている人は少ないように感じます。

何もかも一気にできるようになる必要はありません。**まずは1か所だけでいいん**です。その場を使う人のことを思いながら1か所でもきれいにできたら、次第にほかの部分にも目が行き届き、手が動くようになります。むずかしく考えず、楽しみながら行動してみましょう。

ごみをいいかげんに出す人は、お金も時間も損している

ごみ清掃員をしていると、それまで気がつかなかった人々の人生が垣間《かいま》見えることがあります。「出されたごみを見れば、その人がどんな人なのかがわかる」なんてこともある。これは特殊能力でもなんでもありません。

たとえば、そこに住んでいる人がお金持ちなのか、そうじゃないのかとか、出されているごみから、暮らしのスタイルのようなものがわかってしまうということです。

では、ここでみなさんへ質問です。

「高級住宅街」と「それ以外の地域」では、どちらのほうがごみが少ないと思いますか？

正解は「高級住宅街」です。これ、意外じゃないですか？　高級住宅街に住んでいるお金持ちのほうが、好きなものを好きなだけ買って、いらなくなったらさっさと捨てちゃいそうだからごみの量が多くなる。そう思いますよね。

でも実際は違うんです。

その理由はふたつあって、ひとつが**お金持ちは、いいもの（長持ちするもの）を使っている**ということ。そして、もうひとつが、お金持ちは使い捨てのものを買わないということ。

高級住宅街で出されるごみを見ていると、そこに住む人たちが「小さな消費」「ムダな消費」をしていないことがわかります。

集積所にあるごみはきちんと分別されているのはもちろん、ごみの出し方もきれい

です。ごみの集積所ですらそんな感じなので、きっと家の中も整理整頓されていて、モノが少なく、どこに何があるかもわかっているので、ムダな買い物もしていないと思われます。

一方、使い捨てのものが多く捨てられていたり、スーパーの割引シールが貼られた惣菜がそのままごみで出されていたりする地域もある。

物価高が続く昨今、安く売られている食品をまとめ買いしたり、節約する工夫は大事なことだけど、それらは消費期限も早かったりするので、結局食べ切れずに捨ててしまうことになりやすい。

しかも、そういうものをたくさん買い込んで結局捨てちゃう人って、（あくまでも捨てられたごみからの想像だけど）分別せずにトレーに入れたまま可燃ごみとして捨てがち。そもそも分別以前に、買ったものを消費せず捨てるなんて言語道断なんだけど、捨てるにしても惣菜や肉、魚などが入っているトレーは分別すれば資源になるんです。

また、家の中にモノが多いと自分が何をどれだけ持っているかわからなくなって、「ない」と思って買ったら、あとから同じものが2個出てきたとか、部屋の中がこまごましたモノであふれて、いつも探し物に時間をとられているとか、思い当たる人もいるはず。

そのへんをいいかげんにしちゃうと、食べ物やお金だけでなく、時間までムダにしていることになるんです。

「ごみから人生が変わる」と僕が断言する理由

これ、会社にも同じことが言えます。

じつは、会社から出されるごみを回収していて、ある法則を発見してしまったんですよ。僕が回収している、家庭ごみを収集する一般回収に、一部「少量でかつ有料で」という条件付きで出される会社のごみがあります。それを回収していて気づいたのが、**「分別がいいかげんな会社は6年以内につぶれる」**ということです。

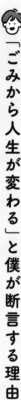

「滝沢、さすがにそれは大げさに言いすぎだろ、盛りすぎじゃないか？　しかも10年じゃなくて6年なんて、大げさにして炎上させて注目浴びたいだけだろ！」

そう思われるかもしれないですが、これがいいかげんな法則じゃなくて、本当にそうなんですよ。ごみ清掃をやりはじめて6年目に気づいたんです。分別がひどい会社は6年以内にごみを出さなくなっている……。

ごみ清掃の立場から見た会社って、「きちんと分別する会社」と「まったく分別をしない会社」の2種類しかないんです。

会社のごみは、社員一人ひとりが捨てたごみがまとめられたものですよね。

つまり、会社で出すごみの分別がいいかげんということは、「ごみの分別までやっていられない」「どうせ会社がごみを出すんでしょ」と考えている社員がいる会社、ということです。

ごみの分別は、社会人ならふつうに心がけるべきことなので、それがいいかげんな会社には、社会人としての自覚が薄い社員しかいないって思われても仕方がない。

会社のことを愛していれば、分別していないごみを出したら、その会社がどう思われるか考えるはずです。でも、分別をおろそかにしているということは、それを考える社員がいなかったってことになる。

そして、社員がごみの分別をしないことを許容している会社も、その程度の意識だということになるんじゃないかな。

でも、「とりあえず儲《もう》けることが優先で、ごみのことは適当でいいや」みたいな精神だと、思わぬところで足をすくわれるんじゃないかと思います。

なんてえらそうなことを言っていますが、自分もごみ清掃の仕事をするまで「ごみの出し方や分け方」がいいかげんだったから、今わかるんです。ごみの出し方が大事だってことが。そして**自分が出すごみを意識するだけで、未来が変わる**ってことが。

ごみの分別は、ただごみそのものの話じゃないんです。

ごみを考えることは日常生活を考えること、相手を考えること、そして未来を考えることなんです。

仕事で成功したいなら、まずごみのことを考えてみようって言いたい。ムダなごみを減らして正しく捨てられれば、自然とムダな仕事も減ってやるべきことが明確になる。

そう、ごみからあなたの未来が変わるかもしれないんですよ。

「面倒くさい」をなくすいちばんの方法

ふだんから掃除をきちんとしている人の家や、ごみの分別がしっかりしている家は、おそらく家の中のものも整理されていると思います。

なんでも「とりあえず置いておこう」ではなく、とりやすさや使い勝手のよさなどを考え、さらには掃除するときのことまで考えている。整理されているから掃除もしやすいし、整理されているから分別も難なくできるんです。

玄関も、脱ぎっぱなしの靴でいっぱいの玄関と、必要な分の靴だけが並べられている玄関、さらには靴がまったく置かれていない玄関では掃除のしやすさが違います。

靴だらけの玄関は、まず靴を整理するところから始めなくてはいけません。よけいなものが置かれていない玄関を掃除するときより、ひと手間もふた手間も増えてしまうのです。

手間が増えると「面倒くさい」という気持ちが芽生えます。

誰だって面倒くさいのはいやですよね。ただでさえ掃除って面倒なのに、そこからさらにもうひと手間かけないといけないとなると、掃除のハードルはどんどん上がってしまいます。

これが玄関だけでなく、リビング、トイレ、浴室、キッチン、自分の部屋、テーブルの上……、家の中のあらゆるところにモノがあふれていたら、どうなるでしょう。家の中のすべての場所において掃除をするのが面倒くさくなってしまうかもしれません。

でも、「逆もまた真なり」で、部屋が**きれいに整理整頓されていると、掃除をしたくなります。**手間がかからないというのもありますが、きれいな空間をキープしたいという気持ちが働くのだと思います。

ですから、どこか1か所でも部屋をきれいにしたら、ほかの部屋もきれいにしたくなります。部屋がきれいになったら身なりもきれいにしたくなります。身なりをきれいにしたら姿勢が正しくなります。姿勢が正しくなったら使う言葉も前向きになります。そうすれば、自然と人間関係もよくなり、仕事の成果も上がってくるでしょう。

「部屋をきれいにする」って、**物理的な見た目の変化だけではなく、考え方の変化でもある**のです。しかも、**毎日の生活の中で今すぐできるのがいいところ**。少しずつでいいので行動に移してみませんか。

集積所がきれいな町に住むといいことが起こる？

住みやすい町はごみを見ればわかる

僕はごみ清掃員を12年間やってきて、これだけは間違いないという持論がひとつあります。

それは、**「住みやすい町はごみ集積所がきれい」**ということ。

逆に、１００％ではないけど治安のよくない地域はごみ集積所が汚いことが多いです。ポイ捨てもよく見かけます。

ごみ集積所が汚いということは、近所の目が行き届いていないということです。やっぱり、人の目がないとごみの分別もおろそかになりがちです。分別されていない違反ごみは回収されないので、そのごみがその場にたまり続けることになります。

ごみ集積所だけじゃない。「ごみはごみを呼ぶ」ではないけれど、ポイ捨てされたごみが多いと、そのごみのまわりにごみが集まるんです。「ごみがあるってことは、ごみを捨ててもいいんだ」と思うのか、その周辺一帯の住民のことを考えることもなく、そこにごみを放置する人がいて、いつしか「ごみの山」ができる。ごみの山が放置されれば、もちろんニオイも出るし、ごみを狙ってカラスやハエ、ハチなんかも集まってくる。

こんな町に住みたいと思う人は、ほとんどいないと思います。誰だって汚い町よりはきれいな町に住みたいですよね。

ごみ集積所がきれいな地域は、その周辺に住んでいる人たちが顔を合わせて、そこに住む人々の気持ちを考えながら生活している地域といえます。

つまり、ごみ集積所を見れば、住みやすい町なのかどうかということがわかるのです。これは偏見でもなんでもなく、ごみ清掃の仕事を通していろんな町を見てきた実感です。

ペットボトルの捨て方がなぜ大事？

これから部屋を借りたいと考えていたり、家を買いたいと思っていたりする人に、ごみ清掃員の視点からアドバイスしたいのは、「引っ越しをするなら、その地域のごみ集積所を見てほしい」というか、「絶対に見てから決めたほうがいい」ということです。

最近は、インターネット上で内見しただけで、物件を決める人もいるみたいだけど、実際に足を運んだほうが絶対にいい。

その理由は、**部屋の中だけじゃなくて、周辺環境のことがわかるから。**

部屋の中はネットで見られるけど、周辺環境は実際に行ってみないとわからない。ごみ集積所なんてとくにそう。

「見に行く時間がない」という人がいるのもわかる。でも、せめてペットボトル回収の日だけでも行ってみてほしい。

ラベルとキャップを外《はず》さないで出されていたり、中身が入ったままで適当に出されていたりする集積所がある地域はおすすめしない。これはごみをいいかげんに出す人が多いってことだし、地域での管理もおろそかになっているということだからです。

僕は**ペットボトルの扱い方は、可燃ごみの出し方にも反映する**と思っている。

ペットボトルをきちんと分別している人が、いきなり可燃ごみだけを適当に出すことはないと思う。

逆に、ペットボトルの中身が入ったまま、しかもそこにたばこの吸い殻なんか入れて捨てる人は、可燃ごみもなんでもおかまいなしに捨てる。なんならビンや缶まで入れて捨ててくる。

捨てたほうはバレないと思って捨てているのかもしれないけど、ちょっとベテランの清掃員になれば簡単に見破ることができるからね！　ごみ袋を持ち上げたときの感触と音が違うから！　絶対にビンや缶を可燃ごみで捨てないでね！

ごみの回収のときビンや缶が混ざっている可燃ごみの袋があると、ごみ清掃員は袋を開けて、そのビンや缶を取り出してその場に置いていく。

先に書いたように、ごみが置かれたままになっていると、それを見た人がそこにごみを捨ててもいいんだと勘違いして、新たなごみをポイ捨てしていく。ひとつルールが破られると、ほかのルールも破られていく。

また、ごみ集積所以外には、家の近くの自動販売機横のリサイクルボックスを見てほしい。**自販機横のリサイクルボックスの状態でも、その地域に住んでいる人がどんな人なのかだいたい想像がつく。**

ペットボトルや缶がボックスいっぱいになっているにもかかわらず、無理やりねじ込まれたままになっていたり、そのまま道に置いてあったり、しまいには家庭ごみやおむつまで捨てられているところもあったりする！

勘違いしている人もいるけど、「リサイクルボックス」はごみ箱ではありません。絶対にビンや缶、ペットボトル以外は入れないでほしい。

ごみに対する意識を変える第一歩

それとここでもうひとつ。

滝沢は「ごみ集積所」という名前をもっといい名称に変えたら、世の中はもっとよくなると思っている。何を言っているんだと突っ込まれるかもしれないけど、真剣にそう思っています。

その昔、ごみ集積所は「ごみ捨て場」と呼ばれていた（と思う）。それが何かの理由で、ごみ捨て場よりは「ごみ集積所」のほうがいいんじゃないか、となって名称が変わったんだ（と思う）。それなら、そろそろごみ集積所も**「エコステーション」**のような名称に変更したらどうだろう？

これには理由がある。「ステーション＝駅」だ。自分の捨てたごみがこの駅から旅を始めて、リサイクル工場をへて、再び手元に戻ってくる、循環型社会の駅の意味合いとして、集積所という呼び名をステーションに変えたいのだ。

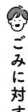

どう？　思ったよりちゃんとした理由でしょ。まさかここまできれいな理由だとは思わなかったでしょ。

でも、**「名前が変わると意識が変わる」**というのは、本気でそう思っている。

僕は「マシンガンズ」というコンビ名でお笑いの仕事をしているんだけど、この名前に引っ張られて、気づいたらマシンガンのように早口でまくし立てる漫才をするようになっていた。

昔はそんなことはなかったし、今も意識してやっているつもりはない。でも、「マシンガントークをするであろう」というお客さんの期待なのか想像なのか、見えない何かに応《こた》えるように早口になっていったんです。

「名は体《たい》を表わす」っていうし、やっぱりイメージは大事でしょ。

「エコステーション」になったら、みんなのごみに対する意識も変わって、世の中全体の意識もいいほうに変わっていくと思っています。

苦労をエンタメにしたら光が見えた

36歳でごみ清掃員になって、今や一生続けていくつもりでやっているけど、そんな僕も正直なところ、しんどかった時期はあるんです。

「やっぱりごみがクサいからですか?」とか言われたりするんだけど、ニオイなんてたいしたことない。あんなの30分もすれば慣れるのよ。人間の適応能力をあなどっちゃいけないよね。

もちろん、体力的にしんどかったということはある。当時36歳のルーキーだからね。夏なんて熱中症対策にアルミホイルにくるんだ塩を携帯し、それをぺろぺろ舐《な》めながらごみを回収して走っていたんだから、そりゃしんどい。

でも、それよりもしんどかったのが「怒り」なんです。

適当に出されたごみを回収する前に分別しなくちゃいけないときや、すでに回収は終わっているのに「回収に来てないからもう一回来いよ！」とウソつかれたりしたとき、理不尽なクレームを入れられたりしたとき……。この手の「怒り」って、肉体的にも精神的にも疲れるんです。

最初は怒っていたんだけど、この頃にはもう日本一のごみ清掃員になろうと思っていたので、怒っているだけではダメだと思ったんです。もしかしたらその人たちもルールを知らないだけで、知っていたら「次は気をつけよう」って思ってくれるかもしれない。

そこで、分別の仕方やルールとともに、ふだん感じていることをつぶやいてみた。そうしたら、これが反応よかった。さらに事務所の先輩の有吉弘行《ありよしひろいき》さんがリツイートしてくれて、そこから多くの人が反応してくれるようになったんです。先輩の力をお借りして「怒り」をエンタメに変換できた瞬間でした。

芸人が「ごみを劇的に減らす方法」を真剣に考えてみた

そうなると、芸人って不思議なんだけど、どんなにつらいことも我慢できるんですよ。だって、それがいいネタになるから。芸人なんて苦労も失敗もコンプレックスも最終的にはみなさんに喜んでもらえたら勝ちなんです。それが芸人なんです。

これは芸人的な考え方かもしれないけど、人間が生きていくためには「エンタメ」が大切だと思うんです。そりゃ人間、食べるものと住むところがあれば生きていけるかもしれないけど、それだけじゃやっぱりつまらないでしょ。

僕の子どもも、おにぎりとお茶をあげとけば、とりあえずそのときは満足するけど、それだけじゃダメで、すぐに「何か楽しいことないの?」って聞いてくる。「楽しいこと」って日々生活するためのうるおいでしょ。アイドルに胸をときめかせたり、映画を観て心を打たれたり、人それぞれの心のうるおいとしてのエンタメがあると思うんです。エンタメは人の心を豊かにしますから。

僕は世の中のごみ問題にもエンタメの要素を取り入れたらいいんじゃないかと思うんです。結局のところ、地球上からごみをなくすのは不可能です。そりゃ、いつかなくなってほしいと思って活動しているけど、現状ではなくならない。

じゃあ、どうしたら少しでも減るのかなって考えたら、まず、ごみ問題の現状をもっと多くの人に知ってもらう必要がある。

そして、多くの人に知ってもらうために、「エンタメの力を使おう」って考えにたどりついたんです。

ごみって楽しい！　ごみっておもしろい！　ごみってかっこいい！

そう思ってもらえたら、確実にごみは減る。

大きいことを言いましたけど、小さいことからでいいんです。むしろ小さいことからのほうがいいかもしれない。僕のことをおもしろいって思ってもらって、そんなやつがごみのことなんか言っているなら、ちょっと考えてみようかなって思ってもらえたらいいんです。

「ピザの箱は油汚れがついているから、古紙じゃなくて可燃ごみなんだ」って知ってもらえるだけでいい！

ごみを正しく分別できる人はモテる!?

僕がやってみたいことに**「ごみ拾い合コン」**というのがあります。急にいかがわしい雰囲気になってきましたけど、聞いてください。

「ごみ拾い」って、ひとりでやろうとすると少し勇気がいるじゃないですか。でも誰かと一緒だったらできちゃうんです。そして「合コン」って、なんかいかがわしく感じるじゃないですか。でも、このふたつをかけ合わせちゃったら、意外といけるんじゃないかと思うんですよ。

合コンに行く人って軽そうなイメージがあるけど、ごみ拾いに参加する人ならそんなに悪い人じゃないかもって思いませんか？　しかもそこに出会いがあるなら、よく思われるために、張り切って、ごみ、拾いませんか？

きっと、「ごみ拾い合コン」でモテる人って、かっこいいとかスタイルがいいとかじゃなくて、**ごみを多く拾って正しく分別できる人だと思う**んですよ。

しかも、そんな人なら一緒に住んでも安心できる！　って、前向きな将来像も描いてもらいやすい。案外いいことが多そうじゃないですか？

このかけ合わせ、企画としてだけじゃなくて、モチベーションを上げるのにもいい方法だと思っています。というのも、僕はもともとひとつのことだけやっていてもモチベーションが上がらないタイプなんです。

ごみ清掃員もお金のためだけに続けていたら、だんだんモチベーションが下がっていたと思う。でも、「日本一のごみ清掃員になる！」とか、「ごみあるある」をつぶやき始めたりして目的が増えたおかげで、自然とモチベーションが上がって世界が広がったんです。

だから「ごみ拾い合コン」も、「ごみ拾い」と「恋愛」のふたつで、相乗効果が期待できると思っているんです。

今、僕のまわりでもごみのことを考える仲間が増えてきて、ごみのヒーローショーをやったり、ごみの分別方法を紙芝居にしたり、ごみのオリジナルソングをつくったりして、少しずつだけど、みんなのエンタメ力《りょく》でごみ問題を考える活動が広まりつつあります。

もとよりエンタメはマイナスなこともプラスに変える力を持っていると思う。

「ごみ問題に取り組む」という、世間ではちょっと面倒で地味なイメージの行動が「楽しい」「おもしろい」「かっこいい」ものに変われば、世の中はもっとよくなると僕は信じています。

第2章

「清潔に暮らす」って大事なこと

〜毎日が驚くほど快適になる大切な「ルール」

ごみや掃除に無頓着《むとんちゃく》な人の共通点

ごみを見ればその人の人生がわかる

「ごみはあなたの人生の縮図だ」

いきなり格言みたいなコメントを言ってすいません。

でも僕はつねづねそう思っているんです。

新津さんは掃除をしているかどうかは見た目に表われるって言っていますけど、**「ごみもウソをつかない」**というか、前の章でも書いたように、出されたごみを見ればその人の生活が見えてくるんですよ。

ある日、粗大ごみの回収をしていたら、衣装ケースの中に、お掃除ロボットと鉄アレイが入っていたことがありました。

東京都では、粗大ごみは住んでいる区市町村に申請しないと回収されません。そのとき申請されていたのは衣装ケースだけなのに、その中にお掃除ロボットと鉄アレイが入っているんですよ。

「ごめんなさい！　衣装ケースの中にお掃除ロボットと鉄アレイが入ってるのに気づかないで出しちゃいました！」

って、レベルじゃないでしょ。

衣装ケースなんて、ただのでかいプラスチックの空箱なんですから。こっちは回収のプロなんだから、さすがに気づくよ。いや、プロじゃなくてもアマでも気づくわ、重さでわかるし！　てか、アマってなんだ、回収のアマって。

そんなことはどうでもいいんですけど、きっとこの人は、お掃除ロボットも鉄アレイも「ついでに持っていってくれたら儲けもん」くらいに考えていたと僕は思うし、回収してもらえなかったら、「知りませんでしたってごまかせばいいや」くらいに考えていたと思うんです。

ごみをいいかげんに出して、それをごまかす人って、きっとほかのこともごまかしていたりするんですよね。

こんなふうに、**ごみの出し方には人間の本性が出る**んです。

「楽しい気持ち」は伝染する――人をその気にさせる方法

でも、ごみの分別がいいかげんな人や、ついごまかしちゃう人に、「ちゃんとルールを守ってください！」みたいなこと言っても、現実には守ってもらえないことのほうが多いんじゃないかな。

だから「パートナーがきちんと分別してくれないんですけど、どう言えばちゃんと分別してくれるようになりますか？」って質問されることが多いんだと思う。

これ、本当にむずかしいですよね。

子どもに「宿題やりなさい」って言っても、「今やろうと思ったのに！」って、やらなくなっちゃうのと同じで、やってくれない人に何か言っても、聞いてもらえないだけでなく、「うるせえなあ」って反発されるのがオチだったりする。

じゃあどうすればいいのか。

僕が提案するのは、**「相手を変えるのはむずかしいから、まず自分が変わっちゃおう」**ということです。

相手にやってもらう前に自分がやる、または自分が楽しむんです。

放送作家、作詞家、作家、タレントなど、さまざまな分野で活躍して、東京都知事も務めた青島幸男《あおしまゆきお》さんの言葉に**「仕事っておもしろがってやっているやつにはかなわないんだよ」**っていうのがある。僕はこの言葉が好きなんだけど、やっぱり楽しんでいる人ってパワーがある。しかも、その楽しいパワーは伝染する。

だから、エンタメのところでも書いたように、そんなに楽しいならやってみようかなって、楽しむ気持ちを伝染させればいいと思うんです。たとえすぐに人が動かないとしても、だんだん動くようになるかもしれない、積み重ねの「はじめの一段」になるかもしれない。

自分の好きなタレントが「最近、ごみの分別に凝《こ》っているんですよ。きれいに分けられたら気持ちいいですよ！」なんてテレビで言っていたら、ちょっと分別に興味がわいてきませんか?

他人を変えようとするのっておこがましいし、自分も疲れちゃうから、まずは自分が変わっていこう。そして、それを楽しんじゃえばいいと思います。

そして、楽しんでもらうにはやっぱりエンタメ化するのがいい。

子どもにペットボトルの分別を教えるときも、ただ「分別しなさい!」と言うんじゃなくて「ペットボトルはどうやって分別するでしょうか?」とクイズ形式にしたりすると、おもしろがってペットボトルの奪い合いになる。相手に興味を持ってもらうにはエンタメ化すると解決するかもしれません。

生活の質を変えるいちばんの近道

ごみをきちんと出せるようになると、生活のスタイルが少し変わると思います。

ペットボトルも、捨てるときにラベルをはがすことを考えると、ラベルが少しでも小さいものや、ラベルレスのものを買うようになるかもしれない。

さらには、「そもそもペットボトルを買わないほうがいいんじゃないか？」って、考えるようになって、マイボトルを持ち歩くようになるかもしれない。

「ごみの分別」という日々の小さなことから、環境問題にも意識が向くかもしれない。

ここまでくれば、衣装ケースにお掃除ロボットや鉄アレイを入れて出すなんて発想はなくなると思います。

こう考えると、「ごみが人生の縮図」だっていうのも、あながち言い過ぎじゃないというか、むしろちょっとうなずけるんじゃないかな。自分の出したごみを振り返って、今の自分の生活を、そして人生を振り返ってみてほしいです。

もし誰も掃除をしない世界があるとしたら

日本の小学校や中学校では掃除の時間があります。せっかくチャンスがあるのに、どうしたらラクに楽しく掃除ができるか、掃除をするとどんなにいいことがあるのかといったことはあまり教えられていませんよね。

ですから、「掃除をしましょう」と言うと、
「どうして掃除をしなくちゃいけないんですか？」
子どもならこんな質問をしてくるかもしれません。子どもは素直ですから。でも大人でも、言わないだけで同じことを思っている人はいるかもしれないですよね。

極端なことを言えば、生活の中で掃除は義務ではありませんから、「掃除をしなくても生きていけます」。

でも、想像してみてください、誰も掃除をしない世界を。

道はポイ捨てされたごみであふれ、あっという間に町全体がごみと悪臭でいっぱいになるでしょう。人間は食べなければ生きていけませんが、家のキッチンも雑菌だらけ。そんな場所でつくられた料理が、ホコリまみれのテーブルに運ばれてくるとしたら……。その料理をあなたは食べられますか？　想像するのもいやでしょう。

そんな世界で生きていきたいと思いますか？　生きていけるかもしれませんが、生きた心地はしませんよね。まるでホラー映画の世界です。

人生における「掃除の大切な役割」とは

今ここに挙げた例はちょっと極端な話ですが、掃除を少しサボるとあっという間にホコリがたまり、部屋は汚れます。そしてそれがカビや雑菌のもとになり、アレルギーの原因になったり、病気を引き起こしたりします。

そう考えると、掃除をしなければ命は短くなっていくと言えます。

とくに、キッチンは命に直結する場所だと思います。きちんと掃除をしなければ、雑菌が繁殖してそこでつくられる料理で食中毒を引き起こしかねません。

もちろん、キッチンの掃除だけではありませんが、**掃除には「私たちの健康を守る」という大きな役割がある**のです。

掃除が行き届いた空間というのは、本当に気持ちがいいものです。気持ちよく快適に過ごせる場所では、心もポジティブになり自然と笑顔になりますよね。

掃除をしなくても生きていけるかもしれませんが、掃除をしたほうが、健康に、気

持ちよく、幸せに生きていけます。

また、掃除をおろそかにすると、その人の見た目にも表われます。

掃除は家の中のことだから、部屋が汚れていても人にはわからないだろう――そう考える人もいるかもしれません。でも、もちろん100%ではありませんが、「ふだん掃除をしているか」とか、「家の中が整理整頓されているか」ということは、その人の外見に表われると私は思っています。

服装や髪形が乱れて清潔感がなかったり、立ち姿や座り方がだらしなかったり。自分の外見に気を遣わない人は、部屋の掃除もおろそかになっている可能性が高いです。人に見られる自分の外見に気を遣わないのですから、人に見られることのない部屋の中はもっと気にしていないのではないでしょうか。

逆に「家はきれいにしているのに身だしなみが整っていない人」にはあまり会ったことがありません。ただし感情や気分、体調が身だしなみに表われることはあります。

ですから、ふだんは身だしなみが整っている人の服装がシャキッとしていなかったり、髪形が乱れていたりすると、気持ちが落ち込んでいるのかな？　体調を崩しているのかな？　と思うようにしています（感情や気分が不安定なときや体調が悪いときは、掃除をしたくなくなります。そんなときは無理せず、心も身体もしっかり休めましょう）。

どうしても掃除ができないときの処方箋

では外見も部屋の中も整えられないときはどうしたらいいでしょうか。

そんなときは、まず自分の身だしなみから整えてみましょう。自分を掃除してあげてください。

体を清潔にして、清潔な服を着て、きちんと髪を整えて、姿勢をよくして生活していれば、必ず気持ちが前向きになります。気持ちが前向きになると体を動かしたくなります。すると部屋もきれいにしたくなります。

これは不思議だけど、本当にそうなんです。

そしてきれいな部屋にいるとさらに気分が明るくなって、気持ちがポジティブになり、笑顔が増えます。掃除には、心も部屋も明るくしてくれる力があるんです。

大切なのは、この「想像力」

「ごみに無頓着な人」

「掃除をおろそかにしがちな人」

そんな人にやってみてほしいのは、「想像力」を少し働かせてみること。


ごみを出したあと、そのごみはどうなるのか？

自分の出したごみは誰が片づけているのか？　ごまかして出したごみはどうなるのか？　このまま適当にごみとつき合っていったら、未来の地球はどうなってしまうのか？


掃除をしないとどんなことになるのか？

掃除をしないとどんなところに影響が出て、それが自分にどう反映されて、そんな自分は周囲の人からどう見えるのか？　少しでもいいので想像してみてほしいんです。

ごみの出し方にしろ、掃除にしろ、身のまわりのことをきちんとしていると、それをしている自分自身が気持ちよくなります。気持ちよくなるのがいやな人はいないですよね。

しかも、一度経験したらやみつきになって、その気持ちよさを維持したい、もう一度あの気持ちよさを体験したいって思うようになる。それがまた次の行動に移るモチベーションになるんです。

最初の一歩は小さくていい

でも「想像力」を働かせるには少しだけ体力が必要です。

想像すること、考えることを「面倒くさい」と思ってあきらめてしまう人がいます。

49ページでも書きましたが、「面倒くさい」の壁、なかなか手ごわいです。

というのは、正しいごみ出しや日々の掃除を面倒くさいと感じている人は、日々の生活も面倒くさいと感じていることが多いと思われるからです。

もしかしたら、「面倒くさい」という気持ちの奥で、将来の夢や目標がない、楽しいことがない、毎日がつまらない、そんなふうに感じているのかもしれません。そこには、「ネガティブ思考」「自己肯定感が低い」「コミュニケーションが苦手」などもあると思います。

そこから「会社や学校に行くのが面倒くさい」「人と話すのが面倒くさい」「起きるのが面倒くさい」「お風呂に入るのが面倒くさい」……というように、日々の中で「面倒くさい」の連鎖が起こります。

じゃあどうしたらいいか。

これらを全部変えていこうとするとたいへんな気がしますよね。

大丈夫です。ここでも、「ひとつ」でいいんです。ひとつ変えてみましょう。

たとえばごみの分別は、やればやっただけ成果が目に見えてわかるので、最初の一歩にうってつけです。

もちろんごみの分別だけじゃなくて、**自分の部屋を掃除するのでもいい、身だしなみを整えるのでもいい、ごみ拾いをしてみるのでもいい**、なんでもいいです。

何かひとつでも達成感を覚えると、いつの間にか「面倒くさい」という気持ちがどこかに行ってしまいます。

「楽しむ気持ち」が未来を変える

ごみの分別ルールって都道府県や市区町村で違いますよね。もちろん自分が住む地域のことだけを知っていればそれで十分なんですけど、僕は気になって、世界の国々の分別を調べてみたことがあるんです。すると、日本とはルールも違うし、いろいろなリサイクルの方法がわかって、楽しくなったんです。本当は知らなくてもいい話なのに（笑）。

こんなふうに、知ることで出会う「楽しさ」はたくさんあると思います。今すぐできるひとつのことから、自分だけの「楽しさ」が見つかるんです。

ごみ捨てや掃除も、それを頑張った先にある「楽しさ」や「気持ちよさ」は、きっとその人の生き方を変えてくれます。

そしてあなたの思いが伝染して、共感する人が増えて、少しでも未来の地球のためになれば、こんな素敵なことはないですよね。僕はできると信じています。

「自分で何か行動を起こして、それを楽しむ」

これができるようになったら、きっとあなたも未来も変わるはずです。

掃除のプロが玄関とトイレを重視する理由

汚れにはその家のストーリーがある

汚れというのはおもしろいもので、そこに住む人の生活習慣やルールまでも読み取れてしまうんです。とくに**「玄関」と「トイレ」。この2か所**を見れば、その家に住む人がふだんどんな生活をしているのか見えてきます。

玄関とトイレはどちらもその家の顔のようなもの。「家に顔がふたつもあるってどういうこと？」って思うかもしれませんね。さらに言うと、この顔は私たち人間も持っていますよ。どんな顔だと思いますか。

「玄関」は外向きの顔、「トイレ」は内向きの顔です。

玄関は外から、通りすがりでも見ることができます。しかしトイレはいったん中に入らないと見ることはできません。玄関がきれいな建物に入っても、トイレが汚かったらがっかりしますよね。

外向きの顔と内向きの顔……。人間も同じだと思うのです。

羽田空港は「日本の空の玄関口」と呼ばれています。日本から世界へ飛び立つ人々、世界から日本を訪れる人々のための玄関です。世界中の人が日本で最初に訪れる場所であり、日本という国の印象を左右する場所でもあります。その空の玄関口にあるトイレは清掃員が重点的に気をつけている場所でもあります。

日本にやってきて最初に目にする場所にごみが落ちていたり、汚れが残っていたりしたら、日本という国に対する信頼が失われてしまいます。さらには、これから日本を楽しもう！　という気持ちもしぼんでしまう気がします。

逆にすみずみまで清掃が行き届いていれば、日本を訪れた人に「日本は清潔で気持ちがいい国」という印象を持ってもらえます。これから日本で過ごす時間がますます楽しみになるに違いありません。

同様に自宅の玄関が靴や小物でごちゃごちゃしていたり、ホコリがたまっていたりすると、家から出かけるときに気分がよくないですし、外から帰宅したときも疲れが倍増してしまいそうですよね。

ですから、玄関とトイレは、どちらもきれいにすることが欠かせません。

いつも使っているのに見落としがちな場所

第1章にも書きましたが、**玄関掃除はまずドアの前から始まっています。**インターホンのボタンやそのまわりが黒ずんでいないか、郵便受けなどにホコリはたまっていないかチェックしてみてください。

案外忘れがちなのが**「ドアノブ」**です。

ドアノブは外側も内側も、家族全員が毎日さわるところです。さわる回数が多いということは、手についている雑菌や汚れがつきやすいということ。新型コロナウイルス感染症の流行で、ドアノブは雑菌やウイルスが付着しやすい場所だと注目を浴びましたが、それまでドアノブのことを気にする人はいなかったのではないでしょうか。

雑菌もウイルスも目には見えません。見えないからこそ意識して気をつける必要があります。ドアノブはアルコールスプレーなどで除菌したあと、ぬるま湯に浸して絞ったタオルで拭きましょう。ウエットティッシュや軽く濡らしたキッチンペーパーなどで拭くだけでもかまいません。

また、ドアそのものも外側、内側ともにぬるま湯に浸して絞ったタオルで拭き掃除をしてください。ドアの面に向かって、自分の腰の高さから下の範囲を拭くときにはドアを背にしてタオルでドアを押さえるようにして立ち、足を広げて下から上に拭き上げていきます。あいた手を腰に当てるとバランスがとりやすく、ラクに効率よく拭き上げることができますよ。

次に**たたきと床**です。玄関に脱いだ靴が出しっぱなしになっていると掃除がしづらいので、靴箱にしまうか新聞紙などを敷いた別の場所にいったん移動させましょう。天気がよければ、掃除をしているあいだに天日干しすれば、靴の湿気もとれて一石二鳥です。

靴を移動させたら、ブラシや掃除機で大きなごみやホコリを取り除き、水拭きをしてからタオルの跡が残らないよう、から拭きをして仕上げます。玄関の床はスリッパや観葉植物など大きなものはホコリを払って移動させ、こちらも同じようにブラシや掃除機をかけたあと、水拭きをしてから、から拭きで仕上げてください。

たたきや床を毎日掃除するのは面倒かもしれませんが、ドアノブを拭くのは10秒もあれば終わってしまいます。外出するついでに拭けば、掃除完了です。

「ついで」でいいので毎日の積み重ねを大切にしましょう。

玄関とトイレは「心の居心地」に影響する

トイレといえば、よく「トイレ掃除をするとお金に恵まれる」とか、「トイレには神様がいる」とか言われることがありますよね。

私にとってトイレは、何も考えないでぼーっとしたり、逆に考えごとをしたり、「家の中でいちばんリラックスできる場所」です。

なぜなら、トイレは家の中で唯一雑音が聞こえてこない場所だからです。

読者のみなさんの中にもトイレで本を読んだり、いつの間にかトイレがプライベートスペースになったりしている人がいるのではないでしょうか。

とはいってもトイレですから、ニオイや汚れが悩みのタネになっている人も多いと思います。

トイレ全体の掃除は一週間に一度で十分だと思いますが、毎日拭いてほしいのは便座とドアノブです。ここはこまめに拭かないと黒ずんできます。

便座は肌が直接触れるところなので皮脂がつきます。油分がつくとそこにニオイが閉じ込められてしまうんです。

また、私は便座カバーは使っていません。カバーをつけているとホコリがたまって、これもニオイのもとになります。しかも便座カバーを定期的に洗わなくてはいけなくなり、よけいな手間が増えます。

便座を拭いたら、そのついでに便座のまわりや便座のフタも拭きましょう。トイレこそ、「ついで掃除」がいいんです。毎日の積み重ねが汚れやニオイを防ぎ、快適な空間をつくります。

「玄関」と「トイレ」がきれいになって気持ちよくなると、今度はほかの場所の汚れもきれいにしてみようという気になってきます。

外向きの顔と内向きの顔をきれいにしていると、ほかの面もきれいにしたくなるものです。なぜなら、そうでないと、気分が落ち着かなくなってくるからです。

「玄関」と「トイレ」をきれいにして、外見だけでなく内面的にも居心地のいい場所をつくっていきましょう。

滝沢流「トイレ掃除を楽しむコツ」

僕は掃除はあまり得意じゃないんだけど、**トイレ掃除は一生懸命やっています。**

それは、大好きなビートたけしさんがトイレ掃除をしているという話を聞いたから。

たけしさんは若い頃、師匠に「トイレをきれいに掃除しろ」と言われてからずっとトイレ掃除をしているそうです。だから僕もトイレ掃除だけは率先してやっている。

しかも、たけしさん、「トイレが汚かったら、劇場に来た客がいやな気持ちになるだろ。客が逃げるってことは金が逃げるってことだよ」なんて言っているとかいないとか。なるほど、こりゃ滝沢もトイレ掃除するっきゃないでしょ。

ところで、このトイレ掃除。いちおう滝沢のこだわりがある。

それは、**新品のぞうきんやタオル、既製品の掃除グッズを使うのではなく、自宅にあるものを再利用する**こと。

トイレを拭き掃除するときは、着なくなったTシャツとかを適当な大きさに切った布を使っている。トイレ掃除をしないと、再利用待ちの布がたまっていく一方になっちゃうから、一生懸命掃除する。

除菌シートみたいなもので拭き取るのもいいんだけど、拭き終わった瞬間にごみに変わるでしょ。ごみはなるべく出したくないと滝沢は考えるんです。

だから、第1章で書いた「ごみ拾い合コン」じゃないけど、掃除と捨てるものの再利用をかけ合わせることで自分なりにトイレ掃除を楽しんでいるのかもしれない。

Column トイレから考えるリサイクル

トイレといえば、どこに捨てたらいいかわからないものを、なんでもかんでもトイレに流しちゃう人いるでしょ。たとえばカップラーメンの残ったスープとか。思い当たる人、意外といるんじゃないかな。

カップラーメンに限らず、スープや汁はトイレに絶対流しちゃダメ、できたら台所でもそのまま流さないほうがいい。

「じゃあどこに捨てたらいいんだ?」って、そう思うよね。これについては滝沢の汁活動をあとでたっぷり紹介するから、ちょっと待っててね。汁はもちろん、なんでもかんでもトイレに捨てないでくださいね! トイレの神様はきっと見てますよ。

そしてトイレといえばスウェーデン。スウェーデンのリサイクルがすごい。もう今や滝沢の頭は何を見ても、これリサイクルできないか? って、考えちゃうようになっている。

スウェーデンは世界的なごみ先進国、家庭から出されたごみを埋め立てて処理するのは1%しかなくて、残りの約99%はリサイクルされている、とんでもないリサイクル大国なんです。そんなスウェーデンのトイレは前後に穴が2つあるものがある。また何を言いだしたんだと思うかもしれないが聞いてほしい。

前の穴には小を、後ろの穴には大を流して、それぞれリサイクルしているんです。大はメタンガスが発生するからバスの燃料などに使われて、小は流れた下水を完全に浄化して再利用される。その水を使って2018年には一度きりの実験的商品としてビールもつくられたとか。リサイクルビールの味や風味がどんなものかはさておき、とにかくどんなものでもリサイクルを考えて、どうにかして循環させようとする姿勢がすごい。

日本だってかつては糞尿を肥料として使っていたけど、あれは立派なリサイクルだったわけで。これからの日本は捨てる社会から脱却して、いろいろなものを循環させる社会になっていかないといけないと思っている。トイレだってあなどれないよね。

ちょっとの心がけで気持ちまで軽くなる！

「トイレには神様がいる」って言う人もいると書きましたが、実際にいるかどうかは別として、**「いるかもしれない」**と考えると、**トイレはきれいにしなくちゃ！　って思うのではないでしょうか。そして、その考え方はトイレだけでなく、「自分や自分の家族がいる場所」でも同じだと思うんです。**だって、自分たちが生活する場所が居心地のよい空間になっているのがいちばんですから。

でも、ここでも「完璧にしっかりやろう！」と意気込むと長続きしないので、トイレ掃除のところで書いたように**「ついで」にやるくらいの気持ち**できれいにすればいいと思います。

玄関は「いってきます」と「ただいま」のときにドアノブをサッと拭いたり、靴を脱ぎ履きするときに、きちんと靴をそろえたり、サッと掃除機をかけたり。そんなちょっとの行動が、気分を晴れやかにしてくれます。

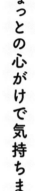

成功者の多くがトイレをきれいにする理由

ビートたけしさんがトイレ掃除をしている話をしたけれど、ほかにもパナソニックの松下幸之助氏やホンダの本田《ほんだ》宗一郎《そういちろう》氏、最近ではメジャーリーガーの大谷《おおたに》翔平《しょうへい》選手もトイレ掃除を大切にしているのは有名な話ですよね。

ではなぜ、成功した人の多くがトイレ掃除を大切にしていたのでしょうか。

自分の家のトイレならまだしも、会社のトイレなど、ほかの人も使うトイレを掃除するとなると、労力だけでなく気持ちの面でも負荷がかかります。誰もがやりたくないと思うでしょう。しかし、人がやりたがらないことを自《みずか》ら積極的に行なうことで、日常感じる不快感の心理的ハードルが下がるのです。

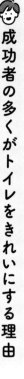

これは仕事においても、どんなこともいやがらず、積極的にポジティブに仕事をする精神につながります。

松下幸之助氏は松下電器産業（現パナソニック）がまだ小さな町工場だった頃、大掃除の際に誰もトイレの掃除をしていないことに気づき「モノを作るだけではなく、掃除もできるような人間をつくらなければ」と、従業員の前で自らトイレ掃除をしたという話もあります。

玄関やトイレを掃除することは、ただ単に「顔」をきれいにするだけでなく、**心の成長にもつながる**のです。

これを読んでいる途中の人も、早速玄関やトイレの掃除をしたくなってきたんじゃないですか？

どうぞどうぞ、読み進めるのは掃除が終わってからでけっこうです。思い立ったが吉日。読み終わってからやろうじゃなくて、今すぐ掃除にとりかかってください。

掃除を終えて本を開けば、きっと掃除をする前よりすがすがしい気持ちで、続きが読めると思いますよ。

部屋と心にうれしい変化を起こす小さな習慣

毎日の掃除を面倒なものにしないコツ

ここまで読んで、「掃除をすると心まできれいになりそう」「掃除をしてきれいな部屋で暮らしたら幸せになれそう」と思った人がいる一方、それと同じくらい「そうはいっても掃除は面倒なんだよね」と思う人もいると思います。

掃除が面倒になるのは、掃除が好きか嫌いかとか、得意か不得意かとかいったこともありますが、要は「汚れがたまるまで放っておいてしまう」からです。なんでもそうですよね。完全に汚れてしまってからきれいにするのは、プロだって大変です。

掃除を面倒なものにしないコツは、掃除のひとつ手前の「さわったところをきれいにする」こと。

まずはそれだけできれば、いいと思います。

食事をしたら食器を洗って片づけますよね。それくらいの感覚です。

ふだんの自分の行動を振り返りながら、どんな汚れが気になって、どんな場所をよく使って、どこをさわっているかを思い出してみてください。

まず、どんな汚れがあるのか考えてみましょう。

家の中でよく使う場所の汚れといえば「皮脂汚れ」です。ドアノブや電気のスイッチ、冷蔵庫、電子レンジ、椅子の背もたれ、テーブル、タンス、クローゼット、パソコン周辺……ありとあらゆる場所をさわっています。人間の手には皮脂があります。ですから、何度もさわる場所にはパッと見ただけではわからないかもしれませんが、皮脂による汚れがついています。

皮脂汚れはそのままにしておくと酸化して黒ずみ汚れにつながります。材質にもよりますが、しっかり浸透してしまうと汚れをとるのがむずかしくなります。ですから、使ったあとにサッと拭き取ることが大切です。

ドアノブや電気のスイッチ、家具や電化製品の取っ手などは、材質を確認して水拭き可能なものであれば、タオルで水拭きするだけで十分。特別な掃除をする必要はありません。それでも汚れが気になるときは、中性洗剤または弱アルカリ性洗剤で落とすといいでしょう。

水回りは「水滴を残さない」のがポイント

次によく使う場所といえば水回り。キッチンや洗面所、浴室などです。これらの掃除となると、ちょっとたいへんな気がしますよね。

ここでは使ったところをきれいにする話なので、排水口など手間がかかる場所はいったん置いておきます。

水回りで気になる汚れは「水アカ」です。

水アカは、水道水に含まれる炭酸カルシウムなどのミネラル分が、水分の蒸発とともに結晶化してできる物質で、白くてザラザラした固まりです。

みなさんの家の水道の蛇口や鏡に白い線ができていませんか？　水アカはキッチンのシンクや浴室の鏡、水道の蛇口まわりなどに多く発生します。水アカも頑固なものになると、プロにお願いしないと取れないほどになってしまいます。ですから、使ったらそのつどきれいにするのが大事です。

やり方は簡単、**水を使ったあと、その場についている水滴をサッと拭き取る。**これだけです。

キッチンであれば、朝、昼、晩の料理をしたあと、シンク内の水分を拭き取ります。洗面所は顔を洗ったり、歯を磨いたり、手を洗ったりと、しょっちゅう使う場所なので、洗面台だけでなく壁や床にも水滴が飛び散っています。なので、洗面台だけでなく、床や壁なども水滴がついたらすぐにサッと拭いておきましょう。

浴室は、お風呂に入ったあと浴室全体を拭くのはたいへんですが、水分が残っている場所を拭いておくだけでも水アカがつくのを防ぐことができます。

また、浴室はとても湿気の多い場所です。湿気がこもったまま閉め切ってしまうとカビが発生するので、換気をして湿気をためないことがとても大切です。目安は、浴室の換気スイッチをつけて1時間半。送風でもいいですよ。そのときに浴室のドアを5センチほど開けておくと風が通りやすくなって湿気対策には効果的です。

手ごわい油汚れも固まる前なら水拭きでOK

また、**次に気になる汚れはキッチンの「油汚れ」**です。

毎日の料理で油は想像以上に飛び散っています。そのため、よく見ると、ガス台（IHクッキングヒーターも同じ）だけでなく、ガス台まわりの壁や床にも油汚れがついています。ここも使うたびに水拭きしておけば、油汚れが固まるのを防げます。

油汚れは洗剤を使わないと落ちないと思われがちですが、**固まる前であれば水拭きで落とすことができます。**五徳なども使ったらすぐ水洗いしましょう。食器や鍋を洗うときに一緒に五徳も洗っておけばいいんです。ただし、五徳がまだ熱いかもしれないので、やけどには十分注意しましょう。

面倒くさいように思えますが、やってみると案外すぐにできるものですよ。

これを習慣にしていたら本格的に掃除をするときも、汚れがたまっていないので、ラクに掃除をすることができます。

まずは使ったところをきれいにする。ここから始めてみましょう。

ごみの種類、じつは2種類しかないんです

ここ最近、世の中的にも「ごみを捨てる」というと、「分別をどうしよう」って悩む人は多いですよね。X（旧Twitter）のコメントを見ても、ペットボトルのラベルやボトルとかについて書いてあって、分別の意識が高まっている気がします。

でも、その一方で「分別って8種類にも9種類にも分かれていて、なんだか面倒くさい！」と思っている人がまだまだ多いのも事実。

実際の細かい分類はひとまず置いておいて、みんなが今出しているごみは、大きく分けると、可燃ごみと不燃ごみの2種類しかない。そのほかのペットボトルや容器包装プラスチックなどは「資源」なんだ。つまり、ごみ以外は資源になるということだ。

だからみんなの家庭や会社から出すものが「ごみ」なのか「資源」なのか、どっちになるのかをまず考えてほしい。

「資源」になる代表的なものには、空《から》になったペットボトルやビン、缶、段ボール、古紙などがあります。

それらは「資源ごみ」として出せば「資源」になりますが、「可燃ごみ」として捨てると、「ごみ」になってしまいます。

牛乳パックやチラシ、古紙など、スーパーの回収ボックスなどに持っていけば資源になるものを、可燃ごみとして捨ててしまっていませんか？

ごみ回収のときに、資源になるものが可燃ごみとして捨てられていることはけっこうある。ときには、きれいに切って広げた牛乳パックがなぜか可燃ごみの袋に入っていることも。そんなのを見てしまうと、「せめて牛乳パックだけでも救ってあげたい！　だってそのままの状態じゃなくてわざわざ切って広げてあるのに！　なんで可燃ごみに？」って、そう思ってしまうんだけど、さすがにそこで牛乳パックを救うわけにはいかず、泣く泣く清掃車に入れ込むのです。

燃えそうなもの、なんでも可燃ごみにしていない？

資源になるものを可燃ごみとして出して、税金を使って燃やして埋め立てるなんてもったいないでしょ。しかも環境にも影響する。小さなことかもしれないけど、「ちりも積もれば……」なんだから。

「ちりも積もれば……」なんて言ったら新津さんに怒られちゃうよ。

「ちりなんて積もる前に掃除しないと絶対にダメ！　ちりが積もるとダニがすみつくし、そこからアレルギーや喘息《ぜんそく》を引き起こすことになるんだから！　ニオイのもとにもなるよ！」って。

本当のちりは積もらせちゃいけないけど、日々のよい行ないは積もらせていきましょう。捨てるときに**「資源になるかどうか」**って考えてみるだけでも、モノに対する意識が変わると思います。

すると、買い物をするときも、使ったあとにそれがごみになるものなのか、資源になるものなのか、捨てるときのことを考えるようになる。

じつはこれが大切なことで、ごみになるようなものはなるべく買わないようになってくる。たとえば夏祭りや年末のパーティーシーズンでよく目にする紙コップや紙皿なんかの使い捨てアイテム。これが可燃ごみで大量に出されることがある。

なかには気を遣って紙コップを古紙で出してくれる人がいるんだけど、紙コップは古紙では回収できない。

その理由は、紙コップは飲み物を入れても水分がしみこまないように紙にプラスチックがコーティングされているから。紙は一度水で溶かしてからリサイクルするため、プラスチックがコーティングされているとリサイクルができないんです。

なかにはコーティングされていない紙コップもあってリサイクルの意識が高まっているんだけど、その割合はかなり低いのが現状。だからほとんどの紙コップは可燃ごみになります。耐水加工がほどこされた紙袋なんかも同じ理由で可燃ごみ。なんならそれらが古紙で出されると、清掃員が手作業で取り除かないといけなくなるので、なかなかやっかいなんです。

紙コップから「世の中」を変えていこう！

パーティーとかバーベキューとかをするときに、当たり前のように大量の紙コップを使っていたかもしれないけど、資源になるかどうかを考えると、紙コップは便利だけど、安易に使うのがいいのかどうか、って話にもなる。そのときに「自分の家からコップ持参してね」って伝えれば、紙コップを買う必要がなくなるし、当然ごみも出ない。

「どうして自分で持ってこないといけないの？」という人には、「紙コップは資源にならないから」って、ごみに関する情報を伝えることができる。

そうすることで、まわりの人の意識もちょっと変わるかもしれない。

こんなふうに、**資源とごみのことを考えるようになると、使い捨てのものはなるべ**

く買わないようになったり、野菜も捨てるところがないように食べる工夫をするようになったりする。

僕も買った食品はできるだけ食べ切るようにしているし、それでも出る生ごみは「黒土コンポスト」というもので分解して資源にしているよ。

生ごみを肥料に変える「コンポスト」については第4章で説明するので、そこを読んでほしい。もちろん、むずかしく考えることはなくて、**まずは資源になるごみとならないごみに分ける**ことから始めてみよう。

この小さな心がけが「意識」を変える

使ったところをきれいにする。資源になるごみとならないごみを分ける。これらは、習慣になってしまえば生活の一連の流れの中でできるようになります。

掃除もごみの分別も、あと回しにすればするほどたまってしまって面倒くさく感じてしまうもの。だから、**そのときにやるのがいちばんラク**なんです。

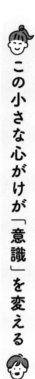

なんでも使ったらきれいにする。さわったところはそのとき拭けばいいし、ペットボトルだって飲み終わったらそのときに水で軽くすすいで分別しておけばいい。

この小さな積み重ねが、あとあとの作業をラクにするだけじゃなく、その人の意識を変えるんです。

意識が変わるとどんなことが起こるのか。

たとえば、部屋を日々きれいにすることは、ていねいな暮らしにつながります。健康につながります。ごみ問題を考えることは、ムダをなくすことにつながります。モノ・お金・時間の節約にもつながります。さらには環境問題にまでつながります。

つまり、意識を変えれば考え方が変わり、行動が変わり、生き方や人生まで変わるんです。

たとえ少しずつでも、日々よい行ないを続けていると、その場だけの「点」ではなく、「線」となって明るい未来につながっていきます。裏を返せば、日々の小さな点をおろそかにしてしまうと明るい未来にはつながらないということです。

ドアノブ拭けば、地球を救える!?

「清潔に暮らす」というのは、なにも床をピカピカに磨き上げたり、家の中のごみをひとつ残らずなくしたりするということではなく、**自分や家族が気持ちよく暮らせるようにしましょう**ということです。

家にごみをためずにつねにきれいにしていても、使い捨てのものばかり使って、大量のごみを出していたら、清潔に暮らしていると言えるでしょうか？　家の中はきれいかもしれないけど、地球を汚していることになるのではないでしょうか。

自分と家族が心地よくいるために使ったところをきれいにする、そんな些《さ》細《さい》なことが、一週間に一度の掃除をラクにして、年末の大掃除をラクにして、家族の健康を守り、地球の環境を守ることにつながるんです。そんなところまで想像すると、清潔に暮らすことがとても意義ある行動に思えてきませんか？

「風が吹けば桶屋《おけや》が儲かる」じゃないけれど、令和版は**「ドアノブ拭けば地球を救える」**。そんな気持ちでやってみてはどうでしょう。

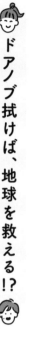

「自分のため」から「誰かのため」に

自分の部屋の汚れやごみが教えてくれること

ふだんから仕事をするときに考えているのは「誰かのため」ということです。「誰かのため」と思うから頑張れる。**「誰かのため」という思いは、私たちが行動するときの原動力になる**と思います。

家族のため、大切な人のため、職場や社会のために頑張るのは、とても大切なことですよね。清掃の仕事も誰かのためを思って作業をすると、ただ早くきれいにする目的で作業をしたときとは仕上がりが違います。

でも、なかには頑張りすぎて自分のことをあと回しにしてしまう人もいますよね。

誰かのためにという気持ちは大切ですが、頑張りすぎてしまうと、自分が動けなくなってしまいます。

たとえば、地域のためにごみ拾いや町内清掃などのボランティアに一生懸命取り組んでも、それでクタクタになって、家の掃除やごみ捨てをやる気力がなくなってしまったら本末転倒です。だから、まずは「自分」のことからでいいのです。

「自分のために動く」のは大切なことです。自分のために動くということは、**自分が気持ちよく生活するために行動するということ。ごみの分別や掃除をきちんとするのもその延長線上にあると思うんです。**

ごみの分別や掃除をそんなふうに考えると、自分で楽しいポイントや好きなポイント、こだわりやルーティン、効率よくやる方法など、いろいろと自分流のやり方が見えてきます。


それを踏まえて誰かのために動くとうまくいく。そして、そのときに大切なことが、この本で一貫してお伝えしている**「想像力」**です。

つまり、自分のまわりの人はもちろん、ごみを回収する人、手作業でごみの分別する人、さらにはごみで汚染されてしまう地域や国、動物や海の生物、地球のことを想像して動けるようになれればいいと思います。

掃除もそう。目の前のことでいうと、**掃除をするときに汚れの理由を想像して、どんな人が、いつ、どんなふうに汚したのか**。そんなストーリーをイメージして掃除をすると、汚れの原因が、じつはほかのところにあることに気づいたり、汚れの理由を知ることができたり、さらには汚れないように防ぐことができたりします。

ごみも最終的にはなくすことが目標だけど、まずは自分のところから。すると、どうやったらごみを減らせるのかも考えられるようになる。

資源になるものもきちんと分別しなければごみになってしまう。ごみが捨てられたあとのことを想像できれば分別も面倒じゃなくなる。すると、自分のためのごみの分別だって、誰かのために動いていることになるんです。

「掃除」は人のためならず

「誰かがなんとかしてくれる」じゃなくて、「自分ができることをやる」。

そして誰かのために動いたことが、結局自分のためになる。誰かを思うということは思いやりを持つということ。そして、**思いやりを持って行動する人のまわりには、同じように思いやりを持っている人が集まってきます。**

これは日常生活だけでなく、仕事でもそうだと思います。実際にそういう経験もたくさんあります。

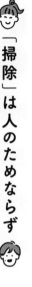

「一緒に何かやろう！」

「何か手伝えることない？」

自分の行動を誰かが見ていて、「あいつのために動こう！」と思ってくれる人がいつの間にか集まってくるんです。

不思議だけど「きれいにしましょう！」って、いいことなのに、多くの人の中でひとりだと声を出して言いづらい雰囲気がありますす。

心の中ではきれいにしたいし、掃除やごみ問題もちゃんとしたいって思っている人、案外多いと思うんです。ひとりだとちょっと恥ずかしい。でも、行動してみると同じような考えの人たちが声をかけてくれたり応援してくれたりするんです。

自分を信じて行動すれば、結果的に素敵な出会いがある。素敵な出会いとまではいかなくても、家を、地域を、地球をきれいにするということは、近い将来自分に返ってきます。最終的には自分のためになるのです。

いろいろ書きましたが、考えすぎてしまうと動けなくなるから、考える前に動いてしまえばいい。動かなければ何も始まらないし、何も変わりません。まずは、自分のためでいいんです。行動を起こしてみましょう。

第3章

ごみも掃除もためないのが、開運のコツ！

～簡単なのに効果抜群の小さな工夫

「人生を変える掃除」はタオル1枚から

私が掃除に「タオル」をすすめる理由

それでは、ここで具体的に、「人生を快適に、幸せに生きるための掃除」についてお話しします。

掃除道具ってたくさんあって、準備するのも、使い分けるのも面倒だと感じている人がいますよね。さらに言うと、みなさんも掃除しようと思ったときに道具がなかったり、洗剤を買いに行くのが面倒だったりして、「ちゃんとやるのはまた今度でいいか」と、やるのをやめてしまったという経験もあるのではないでしょうか。

せっかくやる気になったのに、それはもったいない！　なにも羽田空港を掃除するわけじゃありません、自宅をきれいにするくらいなら、タオル1枚あれば十分です。

タオルの種類は**フェイスタオルや、旅館などに置いてある少し薄手の浴用タオルのようなものがおすすめ**です。

タオルに厚みがあると、こまかい部分を拭くときに隙間ができてうまく拭き取れず、すみに汚れが残ったままになってしまうことがあります。薄手のタオルだとそれがありません。しかも、拭いている場所の感覚が手に伝わりやすいので、汚れが落ちているかどうか感触でわかります。

それに薄手のタオルは汚れたらすぐに簡単に洗うことができて衛生的です。もちろん、わざわざ掃除用に新しいタオルを使う必要はありません。古くなったタオルで十分です。着なくなったTシャツを切って使ってもいいですね。

この1枚で、あらゆる場所をきれいにできる!

滝沢さんはいらなくなった服を使いやすい大きさに切ってトイレ掃除のときに再利用しているそうです。掃除をしないといらなくなった服がたまっていく一方だから、一生懸命トイレ掃除をしていると言っていました。

滝沢さんのように、着なくなった服もそのまま捨てずに、掃除に再利用すれば一石二鳥ですよね。

掃除道具といえば「ぞうきん」を思い浮かべる方も多いと思いますが、ぞうきんも厚みがあるので、厚手のタオル同様こまかい部分を拭き取りにくいです。しかも、表と裏の2面しか使えないので効率的ではないですし、洗ったときに絞りづらく、また乾きづらいので、あまりおすすめしません。

タオルは横に広げて両端の上部をそれぞれつまんで持って横半分に折り、さらに横半分に折ります。それを縦に半分に折りたたんで八つ折りにします。タオルを八つ折りにすると、表裏合わせて16面をつくることができます。汚れたらめくってきれいな面で拭けるので、何度も洗ったりしなくていいので効率的です。

八つ折りだと、ちょうど手のひらサイズになり、ほどよい厚みで使いやすく、バランスよく手の力をかけて拭くことができます。

折りたたんだタオルの端《はし》が集まっている部分を親指と人差し指で挟むようにして持

つと、拭いているうちにタオルがズレてくることもありません。拭く面を替えるときも、タオルの端が集まっている側を持つようにします。

壁のすみや柱など段差や角度がある部分を拭くときは、縦に二つ折りした水拭きタオル（158ページ）を人差し指に巻き、タオルを落とさないようにもう片方の手でタオルの下をつかんで拭くと、タオルがしわにならず、手にフィットするのでしっかり力をこめられます。

たとえば、窓ガラスの拭き掃除の場合、まず窓枠を拭きます。今説明したように水拭きタオルを縦半分に折って人差し指に巻き、タオルを落とさないように下をつかんで窓枠のゴム部分を指でなぞるようにして拭きます。

そして窓ガラスの脇に立ち、今度は八つ折りにして、まず枠をとるように周囲をぐるりと拭きます。次に枠の内側を横向きに上から下に拭いていきます。

こんなふうに、タオルは掃除をする場所によって八つ折りにしたり広げたり、縦半分に折って指に巻きつけたり、1枚で何通りにも使えるのです。

「やろうと思ったときやる」のがいちばん！

ただし、指が入らない細い隙間や、タオルで拭くだけではなかなかとれない固まった汚れもありますよね。そんなときは、竹串や竹べら、竹のわりばしなどがあると便利です。

汚れも固まってしまうと、拭き取るときに力を入れすぎて腕が疲れてしまったり、手が痛くなってしまったりしますが、竹串や竹べら、竹のわりばしにタオルを巻きつけたものでこするようにして削り落とせば簡単に取ることができます。

また窓のサッシや溝《みぞ》になっている部分などにも、同じように竹串や竹べら、竹のわりばしにタオルを巻きつけて、かき出すようにすれば汚れを簡単に取り除けます。

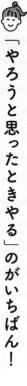

タオルも竹串も竹べらも竹のわりばしも、どのご家庭にもありますよね。

人生を変える掃除に大切なのは、道具よりも「やろうと思ったときやること」です。

タオルは定位置をつくってそこに置き、気軽にいつでも掃除できるようにしておきましょう。

一度に全部きれいにしなくていい

毎日の掃除では、**「汚れの予防」**がとても大切です。

汚れの予防とは、汚れが目に見える前にきれいにするということです。

掃除というと、汚れてからするものと思っている人がほとんどではないでしょうか。

でも、汚れが目に見える段階まで放っておくと、そのときにはすでに頑固にこびりついているし、ホコリも水分や油を吸って固まってしまっているので、掃除するのが本当にたいへんになってしまいます。

だから、前にも書いたように、何かを使ったりさわったりしたら、そのときにきれいにするのがいちばんなのです。

この考え方は、ふだんの生活や仕事でも大切だと思っています。**どんなことでもすぐに片づけてしまうのが大事。**そして、ふだんから汚れがたまらないように予防する。

悩みやストレスなどでも同じです。

生きていればどうしたっていやなことや憂鬱《ゆううつ》なことは起こります。でも小さな憂鬱が大きな憂鬱に変化しないように、自分で自分の心をコントロールできるようになればいいですよね。

体だってそうです。疲れて体調が悪くなる前にちゃんと休む。大きな病気をしないように、食生活や睡眠、日々の生活習慣で予防する。

予防掃除の考え方は生活の中でも生きてくるのです。

忙しい毎日の中で、一度に家中すべてを掃除するのはたいへんですが、部屋別やモノ別に、まずはここだけきれいにしておけば汚れの「予防」になる掃除のコツがあるので次に紹介します。

この本でくり返しおすすめしていますが、**一日1か所でもいい**のです。**予防掃除を心がけて部屋をいつも快適な状態にしていると、不思議と心は軽く、気持ちも前向きになりますよ。**

場所別

“きれい”をラクに保てる「予防掃除」

玄関…大事な幸せの通り道。外からの汚れをここでブロック！

玄関はほかの部屋とは違って、外からの汚れが持ち込まれやすい場所です。外から持ち込まれる汚れとして、土や砂、花粉、ホコリなどがあります。土や砂は靴について玄関の中に入ってきます。玄関のたたきのすみにたまっている土や砂は自分で持ち込んでしまったもの。なので、靴裏についている土や砂をしっかり落としてから玄関に入りましょう。これも汚れの予防になります。

また、花粉やホコリは、静電気などの影響で服について入ってきます。ですから、玄関の前で払ってから入りましょう。

ここで便利なのが「ブラシ」です。玄関に小さなブラシ（ホウキモロコシでつくられた和洋服箒《ほうき》など）を置いておきましょう。

帰宅したら、ブラシを使って服についた花粉やホコリをやさしく払い落としてから部屋に入りましょう。

掃除をする以前の、「外の汚れを家の中に持ち込まない」ちょっとした心がけが大切です。

リビング…部屋のホコリ、そのままにしていませんか？

リビングで気になるのは、ホコリです。リビングはドアを開けたり、人が歩いたり、エアコンがついていたりして風が発生します。この風によってホコリが動かされて、軽いホコリは上に舞い上がり、重たいホコリは床の端やすみにたまります。そして、このたまったホコリが湿気や油などを吸ってニオイの原因にもなります。

ホコリはたまる前に、ハンディモップや湿り拭きタオル（158ページ参照）で拭き取ってしまいましょう。

リビングに掃除機をかける場合は、奥から手前、テーブルの下などの狭い場所から広い場所へかけるようにします。

電源コードがあるタイプは、まずコンセント下の範囲に掃除機をかけ、そこから方向を変え、前進しながらかけていきます。なかには掃除機をかけながら後ろに下がっていく人もいますが、掃除機は前進作業です。

キッチン……飛び散った油がさらなる油を呼ぶ前に！

キッチンはシンクやガスコンロなど、使えば必ず汚れがついてしまう個所が多くあります。しかもシンクの水アカや排水口の汚れ、ガスコンロの油汚れなどは、時間がたつと掃除するのが面倒になるばかりです。とくに油汚れは「油が油を呼ぶ」ので、ニオイのもとになります。ですから、ここでも「予防」が大切になってきます（排水口については148ページで説明します）。

予防の方法はいたってシンプル。キッチンで料理を始める前に、手の届くところに濡らして絞ったタオルを1枚置いておいて汚れたらすぐにサッと拭く。それだけです。

いちいち洗剤をつけてこする必要はありません。

ガスコンロだけでなく、シンクもニオイの出やすい場所です。キッチンを使い終わったら、シンクをスポンジで洗い流してください。強く細かく掃除しなくても、水を流しながら軽くこするだけで十分です。

最後に、飛び散った水滴や油を拭き取ったタオルは洗ってしっかりと乾かし、次にキッチンで作業するときのために、使いやすい場所に置いておきます。

寝室 …… 心と体の健康のためにできること

寝室は、あまり汚れるイメージはないかもしれませんね。でも、目に見えないだけでけっこうホコリがたまっているんです。

このホコリ対策、じつはリビングよりも気をつけたいところです。なぜなら、寝室のホコリは健康に直結しているからです。

私たちはつねに呼吸をしていますが、寝ているときの呼吸は無防備です。口を開けて寝ている人もいますよね。ホコリは高いところから低いところに落ちてきます。寝ている状態は立ったり座ったりしているときよりも低い位置で呼吸するので、ホコリを吸い込みやすいのです。

たかがホコリと軽く見てはいけません。

「すべての汚れはホコリから始まる」といっても過言ではないくらい、ホコリ掃除は掃除の中でも最重要課題なのです。

そもそもホコリとは、洋服や布団などの布製品から出る繊維の糸くず、人間の髪の毛や、はがれ落ちた皮膚、食べこぼしたものなど、身のまわりのありとあらゆるものの、小さなかけらが絡まり合って、目に見える大きさになったものです。

寝室を思い返してみてください。布団に枕（枕は頭皮の脂、皮脂、汗がつきやすくニオイも出やすい）、パジャマにカーテンと、ホコリが発生する材料がたくさんあります。

そして、それらのホコリが発生しやすい材料を最近洗ったのはいつですか？　布団カバーや枕カバー、パジャマなどは定期的に洗っても、カーテンなど、いつ洗ったのか覚えていないものがあったりしませんか？

さらに照明やエアコンのリモコン、スマートフォンなどを枕元に置いていませんか？寝るときには部屋を暗くしますよね。見えづらいから枕元に置いたスマホを手探りで探しますよね。このとき、自分でホコリが舞い上がるようにしているのです。これでは自分で病気になろうとしているようなものです。

寝室は、こまめな掃除と洗濯でホコリ予防をすることが病気予防にもつながると心得ましょう。

トイレ……狭いからこそニオイ対策を万全に

トイレで予防したいのは汚れとともに「ニオイ」です。トイレは尿の飛び散りやホコリ、水アカなどニオイの原因となるさまざまな汚れが発生します。また、狭い空間なので、ニオイがこもって壁紙が吸収してしまいます。掃除をしたはずなのになぜかニオイだけがとれない、なんて経験もあるのではないでしょうか。

できれば、便座は使用するたびに水拭きしたり、流せるウエットティッシュで拭いたりするとよいのですが、それが面倒なときもあります。

トイレ掃除に力を入れている滝沢さんは、相当の面倒くさがりだと自覚しながらも、トイレで小のときも座って用をたし、同時に便器のまわりや便器の下のほうまで拭いていると言っていました。

じつは滝沢さんのように、男性でも便座に座って用をたすことがトイレの汚れの予防になります。最近ではレストランなどでもトイレに「男性も座って用をたしてください」と注意書きがあるお店もあると聞きました。

座って用をたすようにするとかなりの汚れ防止になりますが、どうしても抵抗がある男性もいると思います。立って用をたすとどうしても尿が左右に飛び散りやすいので、便器の左右の壁をこまめに水拭きするようにするといいでしょう。

また、みなさん便座のフタは毎回閉めていますか？　じつは閉めっぱなしにすると中の水に雑菌が繁殖しやすくなります。

また、わが家ではトイレ内の換気のために、不在時はドアを開けています。その理由は、通常、トイレの天井には小さな換気口があるかと思いますが、換気のスイッチをオンにしていても、トイレ内の空気を一気に吸い上げられないため、湿気やニオイがこもってしまうからです。

さらに、長期不在時は便器の中の水たまりにトイレ掃除用の次亜塩素酸をキャップ1杯（10CC程度）垂らしておくといいですよ。これだけで、便器の中の水たまりの雑菌増殖を防ぐことができます。

浴室…ドアの下の溝、いつ掃除しましたか？

浴室で気になる場所は「ドアの下の溝」です。浴室は、体を洗うときにシャワーで流したり、お湯をためる前に浴槽をサッと流して洗ったりしますよね。案外、それで簡単な掃除ができているんです。

でも浴室のドアの下の部分を見てみてください。2～3ミリくらいの溝があると思います。どうですか？　汚れていませんか？

ここはあまり掃除されない個所なんですね。意外に思われるかもしれませんが、この隙間に水が残りやすいんです。そのため、そこからニオイが出たり、水アカがついたりします。

気づいたときにここを拭くだけでも汚れ具合が違ってきますよ。

また、浴室から出るときに、石けんカスやシャンプーやリンスが残らないよう流しましょう。お湯の温度を42度まで上げ、浴室全体にシャワーをかけて、そのあと水にしてもう一度流すといいでしょう。

浴室に残ってしまう水分は、そのつど拭き取るのを習慣にするだけで、汚れや水アカ、カビの発生を予防することができます。

モノ別

〝きれい〟をラクに保てる「予防掃除」

電化製品……油断するとあっという間にホコリだらけに！

電化製品で気をつけたいのは「ホコリ」です。でも、リビングや寝室などの部屋のホコリとは少し対処法が違います。自宅にある電化製品を見てみてください。テレビやパソコン、炊飯器、電子レンジ、電気ケトル……これらのまわりにホコリがたまっていませんか？　たとえばテレビ。正面から見たらきれいでも、テレビの裏面と、テレビが接している壁は見たくもないほどホコリがたまっている状態のお宅もあると思います。

テレビやパソコンはホコリがたまると画面が見づらくなるだけでなく、お客様が来られたときなどにだらしない印象も与えてしまいますよね。

炊飯器や電子レンジなどの調理家電は、まわりにホコリがたまっていると、知らず知らずのうちにホコリまで食べてしまっていた！　なんてことにもなりかねません。ホコリには布製品の繊維やチリ、それにカビやダニが潜んでいるかもしれないので怖いですよ。

電化製品のまわりにホコリがたまりやすいのは、電化製品は静電気を発生しやすく、それがホコリを吸着させてしまうからです。

また、目には見えませんが、空気中には料理などをしたときの油が飛んでいて、それがホコリに吸着します。「油ってキッチンだけじゃないの？」と思うかもしれませんが、人が動くときに一緒に動く空気やエアコンの風などに乗って飛んでいるんですよ。

ですから、ふだんからこまめに掃除することが大切です。

掃除といってもここでも特別な道具は必要ありません。気づいたときに湿り拭きタオル（158ページ参照）で拭き取れば十分です。

また、スマホやタブレット、リモコンなどは、家電の中でもとくにさわる機会が多いと思います。手先には汚れや皮脂などがついているので、それらがこうした製品に付着しています。

テレビを見ているときや、電車に乗っているときなど、ついでの時間にサッと汚れを拭き取るようにするといいでしょう。

コンセントや電化製品の電源プラグの差込口にホコリがたまったまま放置していると、火災の原因になることがあります。気がついたときにサッと湿り拭きタオル（158ページ参照）で拭いておけば、汚れの予防になるだけでなく、火災の予防にもなります。

スイッチ、ドアノブ…見えなくても、ちゃんと汚れてますよ!?

インターホンや電気のスイッチ、ドアノブは毎日さわる部分です。ここには手の皮脂や手についていた汚れ、雑菌が付着します。そのままにしていると不衛生なだけでなく、時間がたつと水拭きだけでは落ちなくなってしまいます。こまめに拭いて「予防」しましょう。

また、意外と忘れられがちなのが、巾木《はばき》（壁と床のつなぎ目を隠すように張りめぐらされた保護建材）です。人が歩くとホコリが舞い上がりますが、そのときそのホコリが巾木につきます。最初は少しのホコリでも長い間そのままにしていると、空気中の水分を吸い込んで固まります。目の高さにあるものは気づきやすいですが、巾木のように下にあると気づきにくいもの。毎日でなくてもいいので拭くようにするといいでしょう。

スイッチやドアノブ、そのまわりの部分、巾木も水拭きするだけで大丈夫です。

家に帰ってきてから寝るまでの行動を思い浮かべながら拭いていきましょう。

玄関のドアを開ける、洗面所のドアを開ける、リビングのドアを開ける、冷蔵庫を開ける、戸棚を開ける。思い返すとドアだけでなく、さまざまな場所をさわっています。人の動きには流れがあります。その流れを思い出しながら拭き取っていくといいでしょう。

ドアはドアノブだけでなく、ドア自体を押して開けたりもします。少し斜めからドアの表面を見てみると、手の跡《あと》がそのまま残っていることがあります。正面からは見えないけれど、角度を変えると見えてくる汚れがあります。

ドアを開けるとき、ドアノブだけでなく、ドア自体を手で押しているのか、ドアノブのまわりを押しているのか、行動を思い返しながら掃除していきましょう。

テーブル……不思議！　慣れたら自然と体が動く

ダイニングテーブルや作業机など、テーブルにもさまざまな種類がありますが、基本的には水拭きで問題ありません。

拭くときに注意したいのは、拭くのはテーブルの上の面だけではないということです。テーブルの側面もつかむようにして拭き上げてください。

テーブルの側面や天板の縁の裏などは、水分や汚れがついても、見えづらいためついつい拭き忘れがちです。テーブルの食べこぼしや飲みこぼし、油汚れなどはそのままにしておくと、こびりついて洗剤や道具を使わないと取れなくなってしまいます。

やり方は、側面をタオルでつかみながらぐるりと一周拭き、そのあと上面を拭きます。奥から手前に向かって拭いていきます。拭き終わったら水気を拭き取るように乾いたタオルで拭いてください。

「使ったら拭く」のが習慣になると、意識しなくても自然と体が動くようになります。

テーブルの側面を拭くことで、テーブルが傾いていたり、ネジがゆるんでいたりといった思わぬ不具合を見つけることもできます。こうして、家族が集まるテーブルを長く気持ちよく使い続けることができます。

クローゼット……服とともにニオイ・湿気をため込んでいない?

クローゼットは湿気とニオイがこもりやすい空間なので、風を通して換気をすることが大切です。洋服は湿気を含むと傷《いた》みやすくなったり、ニオイがついたり、カビが生《は》えたりします。それだけでなく、クローゼット自体の壁紙や床材の劣化にもつながります。

換気は天気のいい日に、クローゼットの扉を開けるだけですが、このときすべての扉を開けるようにしましょう。

クローゼットのつくりにもよりますが、扉が2枚ある場合、片方を開けて衣類を取り出す習慣がある人は、いつも開けている側の扉だけしか開けないことがあります。そうすると、開けないほうの扉の内側は、換気が不十分なままになってしまいます。必ずすべての扉を開けるようにしましょう。

そのとき、クローゼットにかけてある洋服を外さなくても、洋服と洋服のあいだに手を入れて隙間をつくり、風を通すようにするだけでも十分です。

もし時間に余裕があれば、一度中のものを全部出してから扇風機を使って、中の空気を外に逃がすといいでしょう。とくに湿度の高い時季に着て出かけた衣類は思った以上に水分を吸収しています。見た目ではわからなくても、繊維には多くの湿気が含まれています。
クローゼットにしまう前に風に当てて乾かしてから、しまうようにするといいですよ。

靴箱……ここがきれいだと玄関のイメージが変わります

靴箱で気になるのは土や砂、ニオイです。靴についた土や泥、砂は靴箱にしまう前、玄関に入る前に落としておきましょう。そして不在時はなるべく扉を開けて換気しておくといいでしょう。

靴も見た目ではわからなくても、一日中履いた靴の内部に湿気がこもりやすく、そのまま靴箱にしまうとカビや雑菌の温床に。風に当てて乾かしてからしまうようにしましょう。

靴箱のニオイ消しにおすすめなのが粉の重曹です。重曹には消臭効果と除湿効果があります。

小さな容器に重曹を入れ、ストッキングをフタをするようにかぶせて輪ゴムでとめるだけで、オリジナルニオイ消しのできあがり。

また、重曹は汚れ落としにも使えるすぐれものです。

自然のものですし、比較的安価なので気兼ねなく使えますから、常備しておくと便利です。

また、靴箱の棚に新聞紙を敷いておくと汚れ防止になります。土や砂がたまってもそのまま捨てることができます。また、新聞紙は湿気をとりますし、印刷のインクがニオイも吸収してくれます。

カーテン……揺れるカーテンがホコリを運ぶ!?

カーテンは汚れていないように見えますが、洗濯してみると「こんなに汚れていたの⁉」と、びっくりするほど汚れています。

カーテンの汚れの原因の多くはホコリや花粉です。カーテンでよく使われる化学繊維のポリエステルやアクリルは静電気が起こりやすく、それによってホコリや花粉が付着しやすいのです。

また、カーテンは外と屋内の境界線にあります。風や日光だけでなく、ホコリや花粉を遮《さえぎ》るのもカーテンの役目です。ですから、排気ガスなどの空気中の汚染物質も付着しています。

さらに冬などは、外気と室内の温度差が7度前後になると、窓に結露ができます。窓ガラスにカーテンが接していると、カビが発生することもあります。

ですから、窓ガラスとカーテンの間に空気を通すようにしたり、カーテンの片側を固定せずにどちらからでも開けられるようにしたりして、なるべく動かすようにしましょう。カーテンのすそを床から2～3センチ上げるようにするのもいいでしょう。

よく、カーテンを閉めたまま窓を開ける人がいます。カーテンが風に揺れ、映像的には素敵な日常の風景のように映りますが、風に揺れるカーテンは、付着したホコリや花粉やカビを、室内にまき散らしているのです。

でもカーテンを洗うとなるとたいへんですよね。そんなときはハンディ掃除機でホコリを吸い取りましょう。

カーテンは上のほうにホコリがたまりやすいので、その部分にハンディタイプの掃除機をかけます。上から下にゆっくりなでるようにかけてホコリを吸い取りましょう。カーテンは動きやすいので、カーテンの真ん中あたりを手で押さえながらかけるといいですよ。

私もカーテンを洗うのは年に1回くらいです。カーテンを洗うときのポイントは、ホコリをとってから洗濯機に入れること。床にレジャーシートを敷いて、その上に外したカーテンを広げ、掃除機をかけてホコリをとってから洗うといいでしょう。カーテンのホコリがとれると室内の空気が清浄になります。その気持ちよさに驚くと思いますよ。

掃除機……中のごみをすぐに捨てられないときの裏ワザ

掃除機には、サイクロン式と紙パック式のものがあります。サイクロン式の場合は掃除のたびに中のごみを捨てられますが、紙パックの場合は、中のごみがいっぱいになるまでそのままにしている方が多いと思います。

掃除機で吸い込むごみは、食べかすや皮脂、髪の毛やホコリなどですが、時間がたつと紙パックの中で水分を吸って硬くなりニオイが発生します。

だからといって、毎回紙パックを交換するのは経済的ではありません。そこで、私は、紙パックを交換するときに、紙パックのなかに重曹を大さじ1杯入れてからセットしています。そうしてから掃除機をかけると、吸ったごみがたまっていっても、消臭効果のある重曹が入っているのでニオイが出づらくなります。

また、掃除機を使ったあとは、毎回掃除機の吸い込み口にガムテープを貼ってふさいでおきます。

なぜ、そんなことをしているのかというと、吸い取ったごみにダニが含まれていることがあるからです。

ダニはほかのごみと違い自分で動きます。動いて吸い込み口から脱出するのです。せっかく吸い取ったダニをまた部屋の中に返したくはないですよね。ダニの逃げ道をふさぐために、吸い込み口にガムテープを貼っているのです。

いかがですか？

自分の家にあるものには、それぞれの人の思いが詰まっているものです。

いつどこで何のために買ったものか。

いただいたものであれば、誰からもらったのか。

自分の家にあるものは、すべてあなた自身やあなたの大切な家族、大切な人が選んだものです。そこにホコリがたまっていたり、汚れがついていたりしたら気分もよくないですよね。


使うたびにきれいにしていれば、ちょっと調子が悪くなってきているな、メンテナンスが必要だな、などモノの状態の変化にも気づくことができて、結果的に長く使うことができます。

モノをきれいに保つということは、モノを大切にするということでもあるんですよ。

ごみも減りますよね。


だからといって、とにかくなんでも拭けばいいというものでもありません。やっぱり「よく見る」ことが大事です。

どこにホコリがたまっているのか、どこが汚れているのか。

そうすれば、ムダに掃除をして素材を傷めることもないし、ホコリも汚れもたまる前に「気づく」ことができます。また、ホコリも最初はニオイはありません。長期間、放置して湿気を含み雑菌が繁殖してニオイが出るのです。ニオイ対策にも、**ホコリをためないこと**が大切です。

見て、気づいて、ためないことを習慣にしていたら、体調を崩したり、忙しかったりして一日、二日掃除ができないことがあったとしても家で快適に過ごせます。

掃除のやり方を知ることはもちろん必要ですが、その前に「見て」「気づいて」きれいにする考え方もぜひ知っておいてほしいです。この考え方があれば、毎日の掃除がぐんとラクになりますよ。

気持ちよく深呼吸できる家をめざす

気持ちいい生活をするためには、**部屋の中で気持ちよく呼吸ができる**ことが大切だと思います。気持ちよく呼吸するには部屋が清潔に保たれているだけでなく、「家の中の空気がきれい」であることが欠かせません。

でも、**ニオイって目に見えません**よね。長くその場所で暮らしていると、慣れてしまって自分の家の中のニオイに気づかないこともあります。

久しぶりに実家に帰ったときや友だちの家に招かれたときなど、玄関を開けたとき、汚れや散らかり具合も気になりますが、ニオイが気になってしまうという人は多いのではないでしょうか。

私はハウスクリーニングの仕事でさまざまなお宅にうかがいますが、やはりニオイは気になります。部屋に散らかったものはクローゼットや押し入れに隠してしまえば見えなくなりますが、ニオイだけは隠そうとしても隠せないのでやっかいです。

前のほうでもニオイについて書きましたが、**その原因の多くが雑菌**です。つまり、ニオイを予防することは雑菌を予防するということなのです。

玄関、トイレ、キッチン、リビング、寝室、浴室、洗面所……、同じ家でも場所によってニオイが違います。

靴箱やトイレ、クローゼットなどのニオイの解消法はすでにお伝えしました。

ニオイのもとが雑菌ということは、食べ物を扱うキッチンは念入りにニオイ対策をする必要があります。


キッチンでは魚焼きグリルや料理の油や調味料が飛び散った壁、床など、ニオイが発生する個所はいろいろありますが、いちばんニオイが気になるのは、ごみ箱と排水口でしょう。

キッチンのごみ箱のニオイも工夫次第で予防できます。

まず、シンクのごみ受けのザルは毎日掃除をしましょう。出たごみは新聞紙で包んでからごみ箱に入れます。また、ごみ箱が臭うときの原因の多くは、ごみから出る水分ですが、それを防ぐには、ごみ袋をセットするときに、ごみ箱の底の部分に新聞紙やチラシを敷くといいでしょう。ごみから水分が出ても、紙が吸うので衛生的です。

私は、生魚などニオイの強い生ごみが出やすい食材は、可燃ごみの回収日前日に食べるようにしています。もちろん毎回タイミングよくいくわけではないので、ニオイの出やすい生ごみをすぐに捨てられないときは、ビニール袋に入れてしっかり口を縛って冷凍庫に入れておきます。回収日まで日にちがあるときの裏ワザです。

次にシンクの排水口について。

ここは水で洗い流しただけではきれいになりません。しかもちょっと放っておくとすぐに雑菌が繁殖し、ニオイが出てきます。ニオイが出てから掃除をするのは大変なので、これもふだんから洗い物のついでにきれいにしておくとラクですよ。

排水口はフタやごみ受けなどのパーツを外して、水で濡らしたスポンジでこすり、ヌメリを落とします。排水管につながる穴の内側も、スポンジを入れ回転させながらこすります。そして、スポンジに食器用洗剤をつけて、外したパーツごとに洗っていきます。細かいパーツや角の部分は歯ブラシなどを使うと汚れを取りやすいです。

洗剤をつけて洗ったあと、そのまま2～3分ほど置いてから水で流すと、汚れがより落ちやすくなります。

ところで、キッチンで掃除がおろそかになりがちなのが冷蔵庫です。ここも案外ニオイが出やすい個所。でも、冷蔵庫にはつねに食材が入っているため、なかなか掃除ができないですよね。

そんな冷蔵庫の中でいちばんスペースをとっている冷蔵室。ここのニオイの原因は飲料や調味料の液だれや古くなった食品です。液だれなどがついているところは水拭きし、庫内の壁や棚を重曹水で拭き、食品は消費期限を調べ、食べないものは処分しましょう。

滝沢さんに聞いたところ、**消費期限に問題がない未開封の食品などは、破棄せずフードバンクなどに寄付したりするのがおすすめ**と言っていました。

また、野菜室も底をよく見てみると、土や玉ねぎの皮などの野菜くずがたまっていたりします。土は、それ自体に雑菌が潜んでいる可能性もあるので取り除き、水拭きしてアルコール除菌することをおすすめします。

前もって野菜室の底に新聞紙を敷いておけば、野菜くずや土がたまってもそのまま捨てられるので便利です。食器棚や鍋をしまっている引き出しなど、毎日拭くのは面倒なところにも新聞紙を敷いておくとニオイと汚れを予防できますよ。

私は、冷蔵庫の中のものの整理も兼ねて「今日はドアのポケット」「今日はいちばん上の棚」とか、一日1か所、場所を決めてきれいにするようにしています。

このように冷蔵庫は毎日の生活の中で掃除するといいと思います。

あとは、一週間に1回ほどは中身を出して拭き掃除をするといいでしょう。冷蔵庫の中が清潔に保てるだけでなく、中に入っている食品を確認できるので、よけいな買い物をしなくてすむようになります。

滝沢さんも書いていたように、お買い得な食品を買っても、使い切れずムダにして廃棄してしまっては、逆に損をしてしまいます。

冷蔵庫をきれいにすることは節約にもつながるのです。

ニオイが出やすい場所は、意識してこまめに掃除をすることが大事。その場にいるだけでリラックスできる、いつでも気持ちよく呼吸できる部屋を目指しましょう。

Column　重曹は掃除の強い味方

水拭きだけでは落ちない汚れや、換気だけではとれないニオイがあります。

そんなときおすすめなのが、靴箱のところで紹介した「重曹」です。

滝沢さんに「さっき掃除道具はタオル1枚あればいいと言ったじゃないか！」とツッコミを入れられそうですが、竹串もわりばしも使っているので、重曹も許してくれると思います。

重曹はクエン酸やセスキ炭酸ソーダなどの自然派の洗剤のひとつで、素手でもさわれるほど刺激が少なく、広範囲に使うことができます。食用のものは料理や歯磨きにも使えますし、粒子なので研磨剤としても使えます。さまざまな用途で活躍する万能アイテムです。

まずは重曹水のつくり方を紹介します。

重曹水は水2ℓに対して20gの重曹を溶かしてつくります。「弱アルカリ性」なので、台所の油汚れや皮脂汚れ、浴室の石けんカスや湯アカなどを落とすのに効果的です。

テーブルなどの家具、冷蔵庫の中を重曹水で拭くとニオイを抑えることができますが、とくにおすすめなのはペットを飼っているご家庭です。

動物はニオイに敏感です。私のお友だちの愛犬は、家庭用の食器用洗剤できれいに洗ったお皿でご飯をあげたら、洗剤のニオイを感じるのか食欲がなくなってしまったそうです。重曹で洗うようにしてからは、そのようなことがなくなったと言っていました。食器を洗うときだけでなく、ケージを拭くときや愛用のタオル、寝床を掃除するときにも重曹を使うといいでしょう。

重曹の使い方でもうひとつおすすめなのは、143ページで説明したように掃除機の紙パックに重曹の粉を入れて使うことです。

とくにペットと一緒に暮らしているご家庭では、動物の毛を多く吸い取るので、ニオイが出やすくなりますが、重曹を入れておけば、ニオイを抑えることができますよ。

壁や窓の掃除を重視する理由について

みなさん、最近壁を拭いたのはいつですか？

ふだんから窓や床の拭き掃除をしっかりやっているという人でも、壁まで拭いているという人は少ないのではないでしょうか。

ハウスクリーニングの依頼でも、キッチンや浴室の掃除、トイレ掃除の依頼はあっても「壁の掃除」の依頼が来たことはほとんどありません。

でも壁の掃除は、想像以上に私たちの生活に影響するんですよ。


「壁を拭くと人生が変わります」


私がなぜ壁を拭くと人生が変わるとまで言うのかというと、壁がきちんと掃除されているかどうかで部屋の印象はガラッと変わるからです。

白いタオルやごく薄い色のついたタオルにスプレーで水を吹きかけて少し湿らせてから壁を拭いてみてください。想像以上に汚れていることにびっくりすると思います。

乾いたタオルで拭いてもあまり見えないのですが、少量の水で湿らせたタオルで拭くと、それにホコリが玉になってつくので、壁が汚れているのがわかります。

壁には多くの手アカやホコリ、飛び散った水分や油分、汚れがついています。そのまま放置していればニオイのもとになります。部屋の中をいくら掃除してもニオイが気になるという家は壁に原因があるのかもしれません。

ふだんから部屋のニオイが気になる方は、重曹水を使って壁を拭いてみてください。タオルの使い方は、自分の顔の高さまでは折りたたんで使い、高い場所はタオルを広げて拭き、さらに高い手の届かない場所には、ほうきにタオルを巻き付けて拭いていくといいでしょう。

人間はつねに呼吸をしています。壁にホコリがついていると、そのホコリを吸い込むことになります。

寝室の項でもお伝えしましたが、エアコンをつけて寝ている場合、エアコンの風で壁についているホコリが舞ってしまいます。舞ったホコリは徐々に落下して、寝ているあなたの鼻や口から体内に入っていきます。ホコリにはカビや雑菌が潜んでいます。健康を守るためにも壁の掃除は大切なのです。

また、汚れている壁や窓をきれいに拭くと、清潔になるのはもちろんのこと、部屋の中が明るくなります。明るい部屋は気分をよくしてくれますよね。

なんだか気分がすぐれない、気持ちが明るくならないと感じている方はぜひ壁を拭いてみてください。

気分が明るくなり、健康的にもなり、笑顔が増えることでしょう。

壁を拭くくらいのことで本当に変わるの？　と、思うかもしれませんが、だまされたと思って壁を拭いてみてください。

壁を拭いて部屋をきれいにできたという目に見える変化があると、気分が明るくなります。

つまり、掃除で前向きな変化を手軽につくることができます。

夫婦で分担して掃除をしたり、子どもを巻き込んで掃除の仕方を教えながら一緒にするのもいいですね。会話も生まれるし、みんなで協力してすれば、掃除の時間が楽しい家族の時間に変わります。

中国では、自宅にお客さんをよんで食事会をするときなどは、ホストだけが料理をするのではなく、よばれたお客さんも一緒にキッチンに立って料理を手伝います。

これを掃除にも応用して、友だちをよんで一緒に掃除してみるのはどうでしょう？掃除をしていて出てきた不用品が、友だちが欲しいものだったりするかもしれません。友だちにもらってもらえれば、モノを生かすことにもなりますよね。

こんなふうに、掃除には自分だけでなく家族や身近な人を前向きに変化させる力もあると私は思っています。

組み合わせて無限に広がる基本の掃除道具7選

これまで何度もお伝えしてきた通り、掃除道具は「タオル1枚」あれば、家の中のだいたいの汚れはきれいになります。

けれど掃除道具をうまく使えば、より効率よく汚れを落とすことができます。もちろん特別な道具や高価な洗剤をそろえる必要はありません。

私もよくお世話になりますが、百円ショップなどでそろえることができます。

さらにタオルをほかの道具と組み合わせることで、便利で効果的な掃除道具へと進化させることができます。

ここでは基本となる掃除道具7選と、組み合わせ方を紹介します。

1 タオル

タオルは、できれば綿《めん》の薄手のフェイスタオルとマイクロファイバークロスの2種類の素材のタオルがあるといいですね。

綿のタオルは基本のタオル。ホコリや簡単な汚れはこのタオルで十分です。

水拭きをするときは、水分量が重要です。

一般的な水拭き掃除で使いやすいのは、八つ折り（118ページ参照）にしてからさらに半分に折った状態でしっかり絞る**「水拭きタオル」**。そして水拭きしたあと、乾いたタオルで拭き上げるときには乾いた**「から拭き用タオル」**を使います。

軽い汚れや、ホコリ汚れなどで便利なのは、水拭きタオルと乾いたタオルを重ねてクルクル巻いた状態で絞り、水分を乾いたタオルのほうに移す**「湿り拭きタオル」**。これは拭き跡が残らないので、から拭きいらずで便利です。

マイクロファイバークロスはポリエステルやナイロンなどの化学繊維でつくられた布で、柔らかく、素材を傷つけにくいという特徴を持っています。

綿のタオルに比べると、毛羽立ちにくいので窓ガラス、鏡などを拭くのに向いています。また極細繊維でできているため、ホコリだけでなく手アカや皮脂などの脂汚れを落としやすく、湿り拭きタオルで十分汚れが落ちます。


タオルはタオル単品で使うだけでなく、ほかの道具と組み合わせて使うことができるので、組み合わせを工夫して使ってみましょう。

2 竹串・竹べら・竹のわりばし

タオルの次に出番が多いのが竹串・竹べら・竹のわりばしです。なぜ木製ではなく竹なのかというと、竹のほうが強くてしなやかだからです。

竹べらなどは固まってしまった汚れを削り落としたり、細かい部分や溝や段差などの汚れを落としたりするときにも使えます。

竹串・竹べら・竹のわりばし × タオル

竹串や竹べら、竹のわりばしをタオルと組み合わせることで、汚れを効果的に落とすことができます。溝や段差などを掃除するとき、竹串や竹べら、竹のわりばしの先にタオルを巻き付けて隙間に入った汚れをかき出すようにして使います。

3 ブラシ

和洋服等のようなブラシは玄関に置いておき、服についた花粉やホコリを玄関先で払い落とすときに、固いブラシは浴室の床やベランダのデッキなど、小さなブラシは細かい場所の汚れを落としたりするのに向いています。

使い古した歯ブラシも立派なブラシです。キッチン、浴室などの水回りの細かい部分やトイレの温水洗浄便座の洗浄ノズルなどを掃除するのに適しています。

4 重曹

くり返しになりますが、重曹は汚れを落とすだけではなく、ニオイを吸収する消臭効果もあります。水に溶かして重曹水をつくり（151ページ参照）、台所の油汚れや、家の中のさまざまな汚れ落としに使ったり、粉のまま容器に入れて冷蔵庫やトイレ、靴箱などの消臭剤としても使ったりすることができます。

また安全性も高いので、赤ちゃんや高齢の方がいらっしゃるご家庭や、ペットのいるお宅でも気兼ねなく使うことができます。

重曹 × タオル

重曹は皮脂汚れなどにも効果があります。

消臭効果があるので、ニオイがしみついてしまった布製のソファーなどのニオイ落としにも適しています。重曹水で湿らせたタオルで、ソファーをトントン叩いてニオイのもとをタオルに移していきましょう。

5 たわし

亀の子たわしやスチールウールたわし、ナイロンたわしなどの種類があります。

亀の子たわしはスポンジでは落とせない汚れや、網戸や溝などの汚れをかき出してきれいにすることができます。

スチールウールたわしは細い糸状の鉄をたわし状にしたもので、ガスコンロの五徳などのこびりついた汚れやサビなどをこすり落とすのに適しています。

ナイロンたわしは、浴室の床やベランダなどの汚れを取るときに使います。

たわし × タオル

カーペットや凹凸のある壁紙の汚れを落とすときに使います。かたく絞ったタオルでたわしを包み、壁の汚れにタオルをやさしくあて、下から上に円を描くように動かし、汚れをタオルに移します。

6 モップ

ハンディタイプのモップは、テレビの画面についたホコリや家具の隙間のホコリを吸着するのに適しています。

柄《え》が長く床を拭くタイプのモップは、壁など高い場所のホコリや汚れを取るのにも便利です。ラクな姿勢できれいにすることができますよ。

7 スポンジ

ウレタンスポンジやメラミンスポンジ、アクリルスポンジなどさまざまな種類があります。

ウレタンスポンジは気泡を多く含むため泡立ちがよく、たっぷりの泡でやさしく洗うことができます。

メラミンスポンジは水アカや尿石《にょうせき》、茶渋《ちゃしぶ》などの固着した汚れを研磨することができます。洗剤は使わずに、水を含ませてから使用しましょう。光沢のある素材などに使うと、傷をつけてしまうこともあるので注意しましょう。

アクリルスポンジは油汚れにも強く、研磨剤が入っていないものは、食器だけでなく、シンクやキッチンの作業台などを掃除するのにも適しています。

ごみを正しく捨てれば「運」が拾える！

新津さんが教えてくれた汚れの「予防」になる掃除のコツ、やってみたくなりますよね。気持ちよさそうだし、節約にもなりそうだし、なんといっても、掃除が苦手な僕にもできそうな気がします。

なんでも行動を起こすってことが大事なんだと思う。ひと拭きすれば、確実にその場はきれいになる。人生も同じなんだよね。

ところで、いきなりですが、あなたは、お金がたまる人、仕事ができる人、長生きできる人になりたいと思いませんか。

僕はなってみたいです。

でも、じつはごみのことを考え、ごみを減らし、そして正しいごみ捨てを実践するだけで、この理想的な人に近づくことができるのです。これ、より実践的な開運法だと思いませんか?
運を何かにゆだねるのではなく、運はつかみに行く、拾いに行く、と考えたほうがいいかもしれません。

なぜこんなことを言うのかというと、何を隠そう、僕自身がなんとなくではありますが、この理想的な人物像に近づいているからです。自分で言うのはかなり恥ずかしいですし、「お前ごときの仕事量で、貯金で、健康で、うぬぼれたことをぬかすな!」と言われるかもしれませんが、きっとそんなことをおっしゃる方はこの本を手にしないと思うので、ココだけの話にしておいてください。

この本の最初に書いたように、僕自身ごみ清掃員になる前は、お笑いの仕事もほとんどなく、貯金はもちろんなく、その日生活するお金を工面するのに精一杯の状態でした。しかも、暴飲暴食に喫煙習慣と、健康にも気を遣うことなく生活していました。けれど、妻の出産を機に**ごみ清掃員になり、ごみのことを考え、分別をしっかりやったり、ごみを減らす工夫をするようになってから、人生が変わってきたん**です。

仕事は徐々に増え、貯金もできるようになりました。暴飲暴食もしなくなり、タバコもやめました。体も軽くなって仕事もますます順調に。理想の自分に近づいている気がします。

それでも、「ごみのことを考えたって生活なんて変わらないじゃん」って、思う人はいると思います。僕も最初はそうでした。

でも僕だけじゃなく新津さんも**「掃除をすれば人生が変わる」**と言っています。

8年連続で「世界で最も清潔な空港」に選ばれた羽田空港（2024年3月現在）の清掃をしてきた新津さんですよ。NHKテレビの『プロフェッショナル　仕事の流儀』に5回も取り上げられた新津さんも言っているんですから、これはごみと掃除で人生変わると断言していいでしょ。

なぜお金がたまるのか？

ところで、ごみを減らすことでお金がたまるという話。なぜそう言えるのかというと、**「ごみのことを考えることで、生活を見直し、考え方が変わり、その考えがお金**

を増やす方法に似ている」と思うからです。

第1章に「高級住宅街はごみが少ない」と書きましたが、本当にお金がなかった時期に、逆の発想で、「ごみを少なくすれば、お金持ちになれるんじゃないか？」と考えて、できるだけごみを減らすようにしたことがあります。

なんでお金持ちの人はごみが少ないかというと、いいものを長く使っているのでよけいなものを買わないし、こまごまとした消費が少ないからだと思うんです。

自分の行動を振り返ってみてください。無料だからとノベルティグッズやおまけに手を出していませんか？　ついつい百円ショップで衝動買いしていませんか？　もう着ていない服が捨てられず、そのままクローゼットに眠っていませんか？

モノを買うということは、それをいつか捨てるということです。

捨てることを考えると、それを買うのがいいのかどうか買う前に確認するようになる。つまり、**「捨てるところまで」を考えて買い物をすると、結果的にムダ遣いが減るんです。**当然ごみも減る。

ほかには、分別をきちんとすることでもごみは減る。

101ページにも書いたように、とにかく資源とごみの区別をすること。容器包装プラスチックや紙類など、資源になるものを、きちんと「資源として出す」ようにすればごみは減るんです。

「分別したってごみの量は変わらないじゃないか？」と思う方もいると思いますが、実際分別してみると、自分の家から出る容器包装プラスチック、紙類の多さに驚くと思います。それに気づいてから僕はスーパーやコンビニで弁当や惣菜、ペットボトルを買うときに必ず分別のことを考えるようにしています。

また、紙類は汚れているとリサイクルできずごみになってしまうので、ピザなどの箱に汚れがついてしまうような形態で売られている食品は買わないようになりました。

もちろんなかには、どうしてもごみになってしまうものがあります。それは「生ごみ」。この生ごみも工夫次第で減らすことができます。たとえば、消費期限が過ぎてしまったり、傷んだりして食べられなくなった、**いわゆる「食品ロス」になるような生ごみ**。これは改善の余地があります。

食品ロスってよく考えたらお金を捨てているのと同じことなんですよ。

賞味期限が過ぎて変色した豚肉も、半額シールで買ったはいいけど食べ切れなかった惣菜も、しなびて黒くなってしまったにんじんも、お金を出して買ったもので、そのお金はあなたや家族が一生懸命働いて稼いだお金です。

食品ロス問題の専門家の井出留美《いでるみ》氏によると、日本社会全体の食品ロス分の売価を計算すると、一般家庭と事業者で合わせて年間約6兆7525億円分になるそうです。このうち、一般家庭における食品ロスは、一世帯（4人家族）あたり年間約6000円分（処理費含む）になるとか。実際のお金だったら1円でもごみ箱に放り込まないでしょ。

さらに食品には、つくってくれた生産者さんから販売に関わっている人までの汗と努力が詰まっています。それを食べ切ることなく捨てるなんてとんでもないでしょ。これは胸が痛いですよね。考えてごみを分別するということは、食品ロスのように実質的にもったいないお金を減らすことでもありますが**「モノの必要性を適正に見きわめ、浪費を抑え、消費を最低限にとどめる」**ということなんです。

だから「生活を見直し、考え方が変わり、その考え方がお金を増やす方法に似ている」というわけ。

ごみのことを考えて分別をきちんとすることに、お金はかからないんです。新しく何かをそろえる必要もなければ、資格を取る必要もない、自分の行動ひとつで0円で始められる。しかも自分のためだけじゃなくて、ほかの人のため、地球のためにもなるんだよ。こんないいことないでしょ！

今現在、ごみ袋が有料じゃない地域もこの先有料になるかもしれません。日本全国でごみを捨てるのにもお金がかかる時代がやってきます。現に今そうだという地域も多いでしょう。そんなときにも支出を減らせるよう、今のうちからごみのことを考えて、生活を見直し、逆にお金がたまる生活に切り替えましょう。

Column 生活が楽しくなる捨てない工夫

食品ロスの話が出てきたところで、あらためて滝沢がやっている「汁活動」を紹介しよう。これは、先にも書いた排水管の汚れと汚水にも関係する。

「汁活動」とは、余った煮物やカップラーメンの汁をただ捨てるんじゃなくて活用しようという滝沢のもくろみである。「なんでそんなことするの?」と、質問攻めに遭うであろう滝沢は、こう答える。

「汁を下水に流すとその先にいる魚に迷惑をかけるのではないかと思い、できる限り使い切ることを心がけている。牛乳コップ1杯を魚が住めるくらいにきれいにするには、浴槽9杯分の水が必要と聞くと、なんでもそのまま下水に流せない。そこで、小生も自分で何かできることはないかと考えて始めた活動が『汁活動』である。(普通に生活する分の排水は問題ないと聞いておりますので、みなさんはそんなに神経質にならないでくださいね。あくまでも個人的な活動です)」

なので、刺身などを食べたあとに残った醤油は使用済みのティッシュで拭き取ると

か、炒め物の残った油は、多ければ酢と醬油とごまなどを足してドレッシングにしたり、少量ならばサイズアウトした子どもの洋服を切った布で拭き取ったりしてから皿洗いをするとか、いろいろ工夫している。

しかしやはり問題は汁である。

とくに煮物の汁などは味が濃いので、具材はすべて食べても、煮汁まで飲むのは体に悪い。そこで試行錯誤した結果、炊き込みご飯にするのがベストという答えにたどりついた。これがなかなか楽しい。

煮物の具材が食べ切れない場合でも、そのまま研《と》いだお米に入れる。汁が少ない場合は水と顆粒のだし（量がコントロールできるからこれがいちばん便利）、醬油（納豆についているタレが余ったらそれでもいい）、みりんと少々のこめ油かごま油を入れると風味が増して、グッド！　これでたいがいの汁問題は解決する。

だが、炊き込みご飯も同じ味が続くと飽きてくる。そんなときも、食感を変えれば飽きずにいけるというのが、滝沢の発見。パックで売られている水煮した豆を常備しておいて、それを入れたり、冷凍しておいた油揚げをちょっと湯通ししてきざんで入れたりすれば、食感の違う炊き込みご飯ができあがる。

ほかの汁でいえば、おでんもいい。冬にみんなでつつくおでん鍋、具材はあっという間になくなるが、残った汁を全部飲むかと言われれば飲み切れるものではない。だがおでんの汁はそこまでしょっぱくしないことも多いので、炊き込みご飯のほかには、だし巻き卵にも応用がきく。

先日こんな話をしていたら、似たようなことをしている人がいて、茶碗蒸しのだしとして使っているという強者《つわもの》が現われた。ちくわなんか意図的に残して、小さく切って入れているという。もちろん炊き込みご飯でもちくわが入っていたらよき食感。

どうです？　そそられませんか？

あとよく質問されるのが、カップラーメンの汁。カップラーメンの汁は塩分がかなり多いので、すべて飲むのは気が引ける。

僕の友だちで配管の仕事をやっていた人がいたが、カップラーメンの汁は台所のシンクに流さないほうがいいと言っていた。

その理由はラーメンの汁の油が配管を詰まらせるから。カップラーメンに限らず、フライパンを洗うときの残りの油なども配管にへばりついて、汚れを吸着するという。

僕が前に住んでいた古いマンションはすぐに配管が詰まり、何度も業者を呼んだ経験があるが、一度こびりつくと完璧にきれいにすることはできないらしい。

でもたまにはカップラーメン食べたいでしょ? でもスープは全部は飲みたくないでしょ?

だったらリゾットにするのをおすすめする。残ったスープに少量のご飯とチューブにんにくを少し入れるだけでいい。オリーブオイルやごま油を少し垂らして煮込めば風味も増して最高。

ほかには中華スープの素《もと》を入れて水を足して、にんじん、ごぼう、えのきや椎茸《しいたけ》の干したものを入れて鍋で煮込めば、最小限の味つけで野菜スープのできあがり。

僕は卵をよく溶いて、沸騰した汁に垂らして、フタをする。そうすればフワフワの卵が汁に浮かんできて、さらにご飯が食べたくなる。気が向いたら試してみて!

残り物を捨てちゃうのは簡単だけど、何かに利用できないかなと考えてみてほしい。思いついたアイデアを誰かに話せば、興味を持ってもらえるし、会話の糸口にもなるから、生活がますます楽しくなるよ。

なぜ長生きできるのか？

ごみのことを考えると長生きする。

ウソみたいな話かもしれないけど、いちおうデータはあるんです。

都道府県でごみが少ない都府県は、1位京都、2位長野、3位滋賀、4位神奈川、5位東京（環境省2021年度資料より）。

男性の平均寿命上位の県は、1位滋賀、2位長野、3位奈良、4位京都、5位神奈川（厚生労働省2020年資料より）。

関連性が証明されているわけじゃないけれど、けっこうリンクしていると思いませんか？

ごみを減らそうと考えて分別していると、「捨てたもの」ときちんと向き合うことになる。そうすると、いつもしょっぱいものばっかり食べてるな、とか、缶酎ハイ飲みすぎてるな、とか、ふだんの生活を見直すようになるんです。

自分が出したごみを通して考えた生活の見直しは、少なからず健康に貢献している

と思うんです。それは同時にペットボトルのリサイクルや食品ロスなど、環境のことを考えることにもなる。環境のことを考えると、当然ごみの量も少なくなる。

環境問題に対してしっかり取り組んでいる都道府県はごみが少なくなる傾向にある。滋賀県では、以前、工場排水や生活排水が琵琶湖に流れ込み、その影響で赤潮《あかしお》が発生し、近畿圏の水道水に異臭味障害があったり、養殖場の魚が大量死したりするという問題が起こったことがある。県民運動が起き、そこから県をあげて環境問題に取り組むようになったそうです。

このように自分たちの住む地域の環境を考えることは、住んでいる人々の健康につながり、その結果が長寿につながったとしても不思議じゃない。自分の住んでいる地域の環境を考えるのは大切なことだと、みんなわかっていると思うけど、ではどう行動するか考えているかと聞かれると、実際はそこまで考える余裕や時間がなかったり、そもそもごみが環境に関係しているということに気づいていなかったりします。

ごみのことを考え、生活を見直し、環境について考えて、自分だけではなく、家族も地域も、そして地球の寿命も延ばせたらいいと思いませんか。

ごみと掃除と人生はつながっている

分別（ぶんべつ）と分別（ふんべつ）って、漢字は一緒だけど、意味は違う。
辞書によると、「ぶんべつ」は「種類ごとに区別や区分すること」で「ふんべつ」は「世間的な物事の道理をよくわきまえること。また、その道理によって物事を慎重に判断すること」。

似ているようで違う分別、ごみに関しては「ぶんべつ」も「ふんべつ」も両方必要だと思います。ごみも、ただ種類で分けるだけじゃなくて道理で判断しないといけないこともある。つまり、ルールだから分けるんだけど、人として正しい道なのかどうか考えて分けることも大切だと思うんです。

「いいことも悪いことも神様は必ず見てますよ」なんて言うけど、出したごみも必ず誰かが見ている。少なくとも、清掃員が見ている。**相手がどう思うかを考えると意識が変わってくる。それがいい運気を呼び込む**んだと思う。

ごみってごみ集積所に出したら終わりって考えている人は多いと思う。でも、そこに出されたごみが分別されているか、違反ごみが出されていないか見ている人がいるんだよね。

だから、まずは**「出したごみを誰が見ても、不快な気分にならないようにしましょうよ」**と思うわけです。これって掃除も同じだと思うんです。

新津さんも言っているように、玄関をきれいにしておけば、来客した人も「気持ちいい」と思うわけじゃないですか。だから**運まかせじゃなくて、自分から行動して見られ方を変えれば、自分もまわりも変わっていい運が開ける**と思っているんだ。

分別とかって面倒に感じたりする人もいると思うし、分別している人も、ルールだからとか、文句を言われるのがいやだからとか、そんな理由で仕方なく分別しているという人もいると思う。

でもルールに追われてやるよりも「どうしてそんなルールなんだろう？」とルールを追う側になると考え方も変わるし、追っていくと知らなかったことや、足りなかったこと、自分の納めている税金の使いみちや、未来のことまで考えたりするようになっていく。食品ロスや子ども食堂、福祉や労働についても考えるようになる。

どうだろう、こうなってくると、自力で開運の扉を開けられる気がしない？

こじ開けた扉から、いい風が吹いてきそうでしょ。風が吹いたらそこのホコリはきれいにしてないと、吸い込んで体の中に入ってくるからね。

物理的なつながりはもちろん、**精神的な部分、思考的な部分のホコリも掃除しておいたほうがいいよね。**

ここでいうホコリは、あと回しにしていることや、ストレスに感じていること、人によってさまざまだと思うけど、最初は見えなくても放置していると、あとあとたいへんになってくるよね。

ごみと掃除と人生はつながっている。

そう考えて行動すれば、自分の力でいい風を吹かせることができると思っているよ。

第4章

これを日常生活の「習慣」にしよう！

〜実践したら、人生変わりました！

僕はごみ清掃員として、日頃から
ごみのことを考えるようになって、
本当に人生が変わりました。
もちろん、清掃員だからごみのことを考えるのは
当たり前なんだけど、ふだんの生活でできる何気ないことや
考え方で日々の生活が豊かになって、少しずつだけど人生が
いいほうに変わっていくことを実感しています。
この章では、僕自身が実践して人生が変わった、ごみに対する
行動や考え方を紹介します。どれも毎日の生活ですぐに実践
できることばかり。ぜひみなさんも試してみてほしい。
きっと何かが変わるはずです。

「まずパンフレットを見る」

自分の住んでいる地域のごみ分別のルール、わかっていますか?可燃ごみや不燃ごみ、資源ごみの曜日を知ることはもちろん、リサイクルの分別の種類や、乾電池の回収方法、家庭油の回収方法など、どんな分別やリサイクルをしているのか知ることから始めましょう。「知ること」って大事です。そこから意識が変わっていきます。

「ごみと資源の違いを知る」

資源は「地球から借りているもの」という認識を持ってみよう。借りたものは、返すのが当たり前だよね。何が資源になって、何がごみになるのか、まずその違いを知るところから始まる。「資源」とは紙や容器包装プラスチック、ビンや缶、金属などリサイクルできるもの。「ごみ」とは燃やして処理するしかないもの、分別できないものです。これは自治体によっても違うから、まず調べてみよう。

使用済み油もちゃんとした資源

天ぷらや唐揚げをしたあとの油ってどうしてますか？　固めて可燃ごみに捨てている人は多いと思います。でも使用済みの油は資源になるんです。地域に回収の拠点があったり、回収する企業もあったりします。新津さんは近所の信用金庫での回収に出しているとか。回収された油はバイオディーゼル燃料に加工するなどリサイクルされるんです。僕はペットボトルにためてリサイクルに出しています。油以外には、たとえば歯ブラシ。使用済みの歯ブラシも自治体によっては分別回収され、埋め立て地や焼却炉に送られることなく、新しいプラスチック製品に生まれ変わります。

「ごみの処理は人間の生きる営みのひとつ」

朝起きる、ご飯を食べる、寝る、といった基本的な人の営みに始まって、働く、恋愛をするといった生活の中に「ごみを捨てる」という行為も必ず入っている。生きていれば、どうしてもごみは出ます。そしてそのごみは誰かが処理しています。つまり、人間の生きる営みのひとつ。ごみの処理は、幸せに生きるために欠かせない要素なんですよ。

まだまだ可燃ごみは減らせる

「ごみを減らそう！」と言われると、「できるだけごみを出さないようにしよう」って考える人は多い。確かにそれも大切だけど、ふだん何気なく捨てている可燃ごみの中に混ざっている資源を見つけることで、ごみは減る。雑紙《ざつがみ》や紙パック、トレーなどなど、可燃ごみの袋の中に資源は混ざっていませんか？　捨てるときにちょっと意識するだけでごみは減らせるんですよ。

自分の地域のごみ分別を理解する

ごみ処理にかけるお金の違いや、焼却炉の性能の違いなどで、地域によってごみ分別の種類はさまざまです。多いところでは徳島県の上勝町《かみかつちょう》で、45項目にまで分類されます。上勝町では分別した資源のリサイクルによって得たお金や浮いた税金などを教育や福祉に回して、住民の生活をうるおしています。自分の地域がごみに対してどのくらいの重要度で対策しているのかを知ることで、地域の未来への取り組み方がわかってくるのです。

「ペットボトルのラベルをはがすわけ」

ペットボトルのラベル、なんとなくはがしていませんか。はがすのにはちゃんとした理由があります。まずペットボトルとラベルは素材が違います。そしてペットボトルから再び品質の高いペットボトルをつくるには、異素材が混ざらないようにすることが肝心なんです。だからラベルをはがすことにより、効率的に品質の高いリサイクルを行なうことができるんです。理由がわかると、きちんと行動したくなりますよね。

「キャップは外すが、リングは外さなくていい」

回収したペットボトルは中間処理をしたあと、細かくきざんで水に入れます。するとリングは浮かび、ペットボトル本体部分は沈みます。こうやってリングとペットボトル本体部分を分別します。なので、わざわざリングを外さなくてもいいんです。

ただリングとキャップが同じ素材だからといって、キャップをしたまま集積所に出されると、ペットボトルの中の空気が抜けないためつぶれません。清掃車の中でつぶれないと回収し切れなくなるので、キャップは外しましょう。

ビンや缶は捨てる前に軽くすすぐ

想像してみてほしい。飲料や食品のビンや缶の中身が少し残った状態で捨てられたら、集積所はどんな状態になるのか。飲料や食品のニオイや汁に誘われて、アリやハチ、みんなが苦手なGが寄ってくる。そうなると集積所のまわりの人だけじゃなく、清掃員の作業にも支障をきたすことになる。さらにはあまりに汚れていると、再生品の品質が悪くなる可能性まである。軽くすすいで乾かしてから出そう。

空き缶はつぶさない

「空き缶はつぶさずに出して」という自治体は少なくない。理由は、回収した空き缶は運びやすくするため、機械でつぶして立方体のスクラップにするから。このスクラップにするときに、最初から空き缶がつぶれた状態だと、互いの缶が噛《か》み合わなくなってしまうんです。ただし、これも地域によっては「つぶして出して」という自治体もあるから調べてみてほしい。調べることって本当に大事だよ。

スーパーの拠点回収を利用する

スーパーマーケットの入口などに、牛乳パックやビン、缶、ペットボトル、トレーなどの回収ボックスが置かれていることがある。リサイクルが目的だけど、そこを通る人のリサイクルに対する意識を高める効果もある。トレー納品業者が帰り便で使用済みトレーを持ち帰ることで、わざわざ回収の車を出す必要がなくなり、排気ガスやエネルギーの削減にもつながっている。使ったものを使った場所に返す感覚で、拠点回収を利用してみよう。新津さんは、週1とか月1とか商品によってまとめるようにすると、自分の家のスペースの邪魔にならないって言ってるよ。

「生ごみの汁を絞る」

ごみの清掃車って、クサいイメージがあると思うんだけど、その原因は生ごみから出る水分。その水分に雑菌が繁殖することでニオイが発生するんです。生ごみを捨てるときは水分が出ないように絞ろう。ニオイの問題だけでなく、ごみに水分が多いと、焼却するときに燃えにくくなってしまい時間も燃料代もかかる。燃料代は「税金」でまかなわれています。生ごみを出すときはギュッと水分を絞って税金を節約しよう。

「ピザの箱は可燃ごみで」

ピザの箱って紙ごみになると思っている人は多いと思うけど、油汚れがついているから可燃ごみになります。ほかにも洗剤や線香の箱は、ニオイがついているから可燃ごみ。これ、どうしてかというと、汚れやニオイがついていると、新しい製品に生まれ変わったときに、汚れやニオイがそのまま残ってしまうから。リサイクルは万能ではないので、汚れていないものからでしか新しい製品に生まれ変われません。リサイクルの仕組みを知れば、分別もむずかしくなくなると思います。

無意識に使っている紙の多さに気づく

不要になった紙製品は資源になるのに、可燃ごみとして捨てられていることが多い。トイレットペーパーの芯やお菓子や食品の箱、封筒、チラシ、紙袋など、これらは古紙回収に出せるんですよ。またボックスティッシュも、空になったら取り出し口のビニールを取り除いて、窓付き封筒は窓のフィルム部分を取り除けば、これも資源に。デジタル化が進んでいるにもかかわらず、日常は紙製品であふれている。意識的に紙を資源と考えましょう。

プラスチックの量の多さに気づく

テイクアウトのプラスチック容器や百円ショップで買った便利グッズなど、あらためて家の中を見渡すとプラスチック製品の多さに気づくんじゃないかな。プラスチックも紙同様、資源とごみに分かれます。地域によって違うんだけど、プラスチック資源は、ペットボトルのラベルや食パンの袋などにペットボトルやプラスチック製容器包装のマークがついています。プラスチックはごみではなく、資源になるので住んでいる地域のパンフレットで確認しよう。

「プラスチックの汚れはどれくらい落とせばいい？」

まず油で汚れている容器は資源にならない。でも完全に落とす必要はありません。皿洗いのついでに洗えればベストだけど、水で軽くすすぐ程度でも十分です。ヌメリとか、べたつきがあったとしても多少であれば問題ありません。僕が目安に思っているのは「リビングに置いておいても不快じゃないレベル」。ニオイやべたつきがとれていれば大丈夫です。

「中身入りのビンやペットボトルの行方《ゆくえ》を知る」

自分ひとりくらいならたいしたことないだろう。そう思って何気なく出した中身入りのビンやペットボトル。これが積もり積もると、とんでもない量になる。醤油でも油でもジャムでも、中身入りのビンやペットボトルは清掃員が手作業で中身を出しています。地球のためにも清掃員のためにも、中身は使い切るか、処分してから回収に出してほしい。出した先のことまで考える想像力が豊かな生活につながります。

もらいもの、食べ切れないものはフードドライブ

「フードドライブ」とは、食べ切れない食品を捨てないで持ち寄り、食べ物に困っている人や福祉施設などに寄付する取り組みのこと。お歳暮やお中元、海外旅行のお土産とか、いただいたもので「自分じゃ食べないな」っていうもの、あったりしない？　消費期限が切れてから未開封のまま捨ててしまうことにならないように、食べないものは寄付しよう。しかもそれを当たり前にできるようになるといいよね！　市区町村の役所やスーパーなどさまざまなところで受け付けています。自治体によって違いがあるので確認してみてください。

「余裕があれば生ごみを少し乾かそう」

生ごみでやっかいなのは水分。これは何度でも言います。出された生ごみの水分が多いと環境にもよくないし、税金もかかる。捨てる前にギュッと絞って捨てることが本当に大事。さらに、それを乾かせばもっとよいという話です。もちろん生ごみをそのまま乾かすという話じゃありません。乾燥させるのは、野菜や果物の皮や葉っぱ、枯れてしまった花など。ネットに入れて天日干しするだけでOK。みかんの皮はお風呂に入れてもいいし、野菜も肥料になったりする。手間はかかるけど、乾燥していく野菜を見るのも楽しいですよ。

興味が出てきたらコンポストを利用しよう

コンポストは、生ごみを肥料に変える容器です。ホームセンターなどで売られているだけでなく、最近はインターネットでも買える。僕はベランダに置いて使っています。近頃は段ボール製のコンポストもできていて、手軽に使い始めることができます。1000円ほどで自家製肥料ができるなら、花や野菜の家庭菜園をやってみよう！　って気になる人もいるんじゃないかな。やさしさと幸せの循環が生まれそうでしょ。趣味の欄に「コンポストで堆肥づくり」って書く人が増える日も近いと思っているよ。

掃除は日々の生活で欠かせないものです。

ただ掃除をするといえばそれまでですが、やり方や考え方、向き合い方で、自分の人生が変わってしまうほどの影響力があります。

それはすべて、私自身が清掃という仕事を通して、感じてきたこと。

私が紹介するものも、滝沢さんと同様、特別なものはひとつもありません。

日々の生活の中でラクに実践できることばかりです。

ちょっと意識するだけで、部屋がきれいになるだけでなく、心まできれいになっていくはずですよ。

掃除用のタオルを選ぶことが第一歩

掃除道具のことで悩むなんてもったいない。まずは動くことが大切。「きれいにしたい！」と思ったときの気持ちを大切にしてほしいです。掃除用のタオルがない場合は、家にあるタオルの中から1枚、掃除用に選びましょう。じつは、これも家の中をスッキリさせるテクニックのひとつ。モノが古くなっても捨てられない人、いますよね。私もそのひとりです。タオルも捨てるのではなく、再利用なら大丈夫。そしてさんざん掃除用として活躍したタオルは、キッパリと捨てることができ、モノを減らすことができます。

汚れる前にきれいにする

掃除って汚れた部分をきれいにするって思っている人がほとんどだと思うのですが、汚れる前にきれいにするのも掃除です。大事なことなのでくり返しますが、なんでも予防って大事なんですよ。体だって、病気になってから治すのはたいへんですよね。ですから病気にならないように予防することが大切。予防掃除を習慣にしていると、洞察力や観察力を高めることにつながります。これは掃除以外の、仕事やプライベートでも役に立ちます。

旅行に行くときのお約束

旅行から帰ってくると、家の中のニオイが気になりませんか。ニオイが出る場所は、台所のシンクや浴室、洗濯機の排水口やトイレなど。水は流れていないといやなニオイに変化するのです。それを防ぐ裏ワザが塩素系漂白剤（トイレの場合は次亜塩素酸）。出かける前に、排水口や便器の水がたまっているところに、10CCくらい垂らしておけば、ニオイを抑えられます。ニオイのもとの多くが雑菌。雑菌だらけの空気を吸い込みたくないですよね。ニオイ＝雑菌が繁殖する前に予防するだけで、気持ちよく暮らすことができます。

寝室はとにかくホコリ対策を！

何事もまずは健康第一。掃除は病気の予防にもなるんです。寝室はほかの場所に比べてもとくにホコリに気をつけたい場所。ホコリがたまっていると、寝ている間にしっかりとそのホコリを吸い込んでしまうからです。ホコリくらい平気と思う人もいるかもしれませんが、ホコリは繊維のクズやカビやダニなど、空中に浮遊していたり、床に落ちたりしているものの総称です。健康のために、寝室にホコリをためないようにしましょう。

「水拭きタオルの定位置をつくる」

キッチンの汚れが落ちにくくなるのは、汚れをそのまま放置しておくから。油汚れも食材の汚れも使ったそのとき拭き取れば、固まる前に落とすことができます。見た目ではきれいに見えていても、壁もガスコンロの上も油汚れがついています。使ったらきれいにする。これが当たり前のようにできてくると、掃除がラクになって楽しくなります。料理をする前に掃除用に濡れたタオルを1枚用意しておきましょう。汚れてから用意するのでは遅いんです。なんでも準備が大切です。

「トイレの掃除道具をトイレに置かない」

トイレには掃除道具を置かないようにしましょう。便器を磨くブラシをトイレ内に置いているご家庭も多いかと思いますが、便器を磨いたブラシは使ったら洗って乾かしてからしまうか、最初から置かないのも一案。そもそもトイレのような狭い空間にモノを置くとホコリがたまりやすく、ニオイの原因になります。トイレを気持ちのよい空間にするためにも、こまごまとしたものを置かないようにしましょう。

玄関には小さなブラシを

帰ってきたときに上着の花粉やホコリを払う小さなブラシ。玄関に入ってきた砂やホコリを払うブラシ。玄関には用途の違うふたつのブラシを置いておくといいでしょう。玄関に座って靴を履くとき、視線が低くなる分ふだん見落としがちな汚れが目につきます。見て見ぬふりをするのではなく、軽く掃く余裕を持ちましょう。帰ってきて家に入るときもホコリを落としながら、呼吸を整える余裕を持ちましょう。ほんの1～2分の余裕が汚れだけでなく、心もきれいにしてくれるはずです。

健康のために拭く

「掃除で健康になれます」――これは、ぜひ知ってもらいたいです。ホコリにはカビや雑菌が多く含まれています。掃除でホコリを取り除けば、カビや雑菌が体の中に入ってくることも防げるのです。健康と空気は切っても切り離せない関係にあります。拭き掃除の目的は汚れを拭いてきれいにすることです。けれどそれと同時に健康や気分向上の効果も大きいのです。そのひと拭きが健康への第一歩。みんなが笑顔になる魔法です。

自分の行動の一歩先を考える

掃除機の紙パックを取り替えるときに、紙パックの中のニオイを防ぐために袋の中に重曹大さじ1を入れます。ここで伝えたいのは「考え方」。取り除いたホコリやニオイや汚れのそのあとは？　部屋のホコリや汚れがなくなったのではなく、拭き取ったタオルに移っただけです。このタオルをちゃんと洗わなければ、タオルからニオイが出てしまいます。紙パックも同じです。滝沢さんも「分別したあとのことを考える」ってよく言っていますよね。掃除やごみだけでなく、仕事やプライベートでも、その先のことまで考えられるようになると、また視野が広がります。

汚れを予防する

掃除が面倒になるのは、汚れがたまってから掃除をするからです。しかもそこには今まで見て見ぬふりをしている自分がいます。やらざるを得なくなって、仕方なく作業をするから面倒くさいし楽しくない。すると怠《なま》けていた自分への不甲斐《ふがい》なさもプラスされて「掃除が嫌い」になりかねません。掃除をラクにするには日々の予防がポイント。汚れの予防は病気の予防にもつながります。心身ともに健康な状態を保つためにも、汚れを予防しましょう。

「頭でいろいろ考える前に動く」

洗濯や掃除、ごみの分別、これらはすべて、ためないことがいちばん大切です。使ったら片づける、汚したらきれいにする。やればすぐすむことも、「忙しいから」とか「もう少し区切りがついたら」とか、何かしらの理由をつけて、あと回しにしてしまっていることが多いのではないでしょうか。わかっているけど、なかなかできないことを、ルーティンのように当たり前にこなせるようになると、生活の心地よさも一段上に上がります。

「きれいな部屋は笑顔を生む」

自分の大切な家族の笑顔が少ないなと感じたら、とにかく部屋をきれいにしてみてください。換気をして、窓や壁を拭いて、ホコリを取り除いて、不用品を処分する。部屋が明るくなって、空気もきれいになって、笑顔が増えるはずです。心の環境は、すぐにどうにかできないこともあります。でも部屋の環境は数時間あれば変えることができます。笑顔はきれいな部屋から生まれます。

人を見る、人をほめる

部屋をきれいにしたら見てほしい、ほめてほしいって気持ちが出てくると思います。でも、だからこそ、まわりの人がしてくれていることをほめることが大切だと思います。家族が家の掃除をしてくれたとき、お皿を洗ってくれたり洗濯をしてくれたりしたときはもちろん、外出先で誰かがエレベーターの扉を押さえてくれたとき、バスを降りる順を待ってくれたとき、少しの感謝がまわりを幸せにするし、自分も気持ちがいいものです。自分を見てもらう、ほめてもらう、だけじゃなく、人を見て、ほめてあげましょう。

新しいものは試してみる

私はいつも、どうしたらもっとラクに掃除できるかを考えています。だから新しいモノは率先して試すようにしています。私自身、これまでの経験から軸となるやり方や考え方はありますが、意識してアンテナを立て、新しいものを知るようにしています。そうすることが今までの自分のやり方や考え方を見直したり、あらためて確認したりできるいい機会になります。道具だけでなくやり方や考え方も時代とともに変化し進化していきます。自分も少しずつ変化しながら進化していく。つねに心がけていることです。

「つくった人の気持ちを考える」

掃除をするということは大切なものを「守る」ということです。汚れは時間がたてば酸化します。酸化はモノの劣化を早めます。掃除をすることでモノの酸化を防ぎ、劣化から守ることができるのです。どんなものもつくった人がいます。その人の気持ちを考えれば、大切に使おうと思いますよね。そして大切に使ったあとは、大切に掃除しましょう。ここでも使ったらきれいにする。その精神です。

「買ってきたときのストーリーを思い出す」

自分で選んで買ったものだけでなく、恋人や家族と一緒に買ったものには、一つひとつに大切な思い出があるし、ストーリーがある。それらはみんな大切な財産ですよね。それらを掃除するたびに買ったときの思い出がよみがえってきます。いつしか掃除さえも思い出になってくる。逆に雑に扱って掃除も怠《おこた》れば思い出も忘れ去ってしまうかもしれません。掃除をすれば大切な思い出も紡《つむ》いでいけるんです。ていねいに生きるってこんなことなのかもしれませんね。

「掃除を通して自分を見る」

自分の掃除のやり方を客観的に見てみると、だんだん自分が見えてきます。目に見えるところはきれいにするけれど整理整頓が苦手、なんていうわかりやすいところや、気持ちが沈んでいるときは掃除をためがち、とあとから思い返してみてわかることもあります。気持ちの変化が掃除に表われるタイプだと知っておけば、部屋の状態を通して自分の状態を知ることができます。逆に気持ちが落ち込みそうなときほど、無心になって掃除することで気持ちが軽くなることもあります。掃除から自分を見つめてみるのはいかがでしょう。

掃除でストレスを解消する

ボクシングのサンドバッグを無心で叩くのってスッキリしそうですよね。でもそれなら汚れがたまったガスコンロを無心で磨いてきれいにしたり、トイレを一気にきれいにしたり、一心不乱に掃除をしてみませんか。集中して打ち込むとスッキリするのは掃除も同じ。サンドバッグを叩くのもいいですが、掃除は気分だけでなく、目の前の汚れがスッキリします。ほかのイライラ解消法と違って物理的なスッキリもついてくるのが掃除のいいところ。しかも自宅ですぐできます。イライラしたら掃除をする。本当におすすめです。

掃除で運動不足を解消する

運動不足を感じている人におすすめなのが「ストレッチをしながらの掃除」です。ストレッチを兼ねて、ついでに掃除をするという考え方。高いところのホコリを腕を伸ばしてとったり、肩の可動域を広げるように拭き掃除をしたり。とくに掃除が苦手だと思っている人は、「掃除している＝運動・ストレッチ」って考えたら、モチベーションも上がり、前向きに取り組めるかもしれません。何も考えずにただ掃除をするのもいいですが、考え方や工夫次第でモチベーションが上がる可能性はどんどん広がるのです。

「掃除とは自分と向き合うこと」

暮らしの中では、どこからどこまでをどんなふうにきれいにするかを決められているわけではありません。決めるのは自分。自分の考えで自分のやり方で、過去の自分が汚した場所やモノをきれいにしていく。それは自分と向き合うことにもなるのです。掃除が行き届いたホテルは、汚れているホテルよりも信頼できます。〝きれい〟は信頼につながるのです。それは自分に対しても同じです。自分で決めたことをやり切る力は、きっと仕事やプライベートな人との関わりでも発揮されます。掃除をすることによって、自分を信頼できるようになるだけでなく、相手からも信頼されるようになりますよ。

対談

幸せにつながる「道」のつくり方

「ごみの分別ってよくわからない」「掃除って面倒くさい」

「そもそもなんできれいにしないといけないの」

生活する上で避けては通れないごみと清掃。

でも多くの人が「よくわからない」「面倒くさい」そう思っている。

そんな「面倒くさい」ことを、
笑顔でいきいきと仕事にしているふたりがそろいました。

笑顔の秘密は「幸福感」。

誰もが面倒に思いがちなごみ捨てや清掃を仕事にしている
ふたりがなぜ幸福なのか。
ここに、多くの人が今を幸せに生きるヒントがあります。

滝沢：こうしてお話しするのは久しぶりですよね。

新津：そうですね。はじめてご一緒したときからものすごく盛り上がっちゃって。

滝沢：前に会ったときより元気というか、幸せそうに見えますよ。

新津：滝沢さんと新しいことができると思うと、ワクワクしちゃってそれが顔に出てますかね。

滝沢：めちゃくちゃ出ちゃってます。

新津：清掃の仕事をするのは、「誰かを笑顔にすること」だと思っているんですけど、結果的には自分も笑顔になるんですよね。

滝沢：わかります。僕もごみ清掃の仕事しているときに、「人のために」って思って働いてるんだけど、そうやって仕事をしていると、それがいつの間にか自分に返ってきます。

新津：こうしてふたりで一緒に本を出せるって運がいいです。

滝沢：僕も運がいいと思っています。でもこの運みたいなものも、自分がやってきたことの賜物なんじゃないかと思います。

新津：そうですね。ただ何もしないで運は味方になってくれないですもんね。

滝沢：掃除やごみ拾いって開運につながるっていうじゃないですか。あれもあながちウソじゃないなって思っています。行動すれば自分で運を引き寄せる、運をよくすることができるって。

新津：私、最初に会ったときにすぐ「本を一緒に出しましょう！」って言いましたもんね。

滝沢：あれは運とかじゃなくて新津さんの行動力と発信力ですよ。

新津：私は思ったことはストレートに言っちゃうんで、今日も大丈夫かな。でも滝沢さんなら大丈夫。いいですね！　って言ってくれるから。その場で「YouTube撮影もしちゃおう！」って言ったらすぐOKしてくれたし。

滝沢：あれは新津さんのパワーですよ！　でも、なんですかね。清掃とごみって相通じるものがありますよね。

新津：私たちが清掃してまとめたものを滝沢さんたちが回収してくれる。この流れの中で生活していますからね。

滝沢：回収するときに分別はもちろん、きれいに出してくれていると、時間のロスも少なくて助かるんです。

新津：回収する人のことを考えてごみを出すのは大切ですよね。清掃は清掃、ごみ回収はごみ回収って、分けられるものではないですもんね。
滝沢：そう、全部つながっているし、まわりや先のことを考えるのは大切です。
新津：私たち清掃の仕事は全体をきれいにして気持ちよく使ってもらうこと。でもそれを私たちだけが考えていてもしょうがない。みんなが考えないと。
滝沢：僕も同じ考えで、きれいにしたいとかごみを減らしたいって思う人がひとりでも増えることが大切だと思っています。
新津：この本は私たちが仕事で得た知識や情報を「引き継ぐ」意味もあると思っています。清掃やごみのことって、世の中みんなの責任なのに、ちゃんと考えている人が残念ながら少ない。しかも学校で教えてくれない。だからこの仕事をしている以上、伝えて引き継いでいく使命があると思っています。
滝沢：ひとりだと限界があるけど、考えや技術を知って、実践してくれる仲間が増えることが、大切な人や自分たちを守ることにもつながると思ってます。
新津：やっぱりすごい合うね！　本当に同じこと思ってた！
滝沢：うれしいです！

新津：YouTube 撮りましょう！

滝沢：まだ早いです！（笑）　対談が終わってからにしましょう！　ところで、僕、ごみの回収をしていて思うことがあって、それというのは、ごみ出しがちゃんとできてない人は部屋の中も散らかっているんだろうなって想像してしまうってことです。

新津：それは当たっていると思います。逆を言えば、身なりがきちんとしている人は部屋もきちんとしているし、ごみの出し方や分別もしっかりできていると思います。

滝沢：掃除やごみ出しってその人の人間性が出ますよね。

新津：私も表われると思います。

滝沢：これってどちらも人から見えてないと思っているからだと思うんです。家の中であれば自分しか見てないし、ごみ出しで言えば出したらそこからは知ったこっちゃない。でもごみは僕たちみたいな清掃員や近所の人が見てるんですよ。誰が出したごみなのかはわからないけど、確実に見ている人がいる。でもそこまで気にしていないんですよね。

新津：確かに気にしていない人が多いのが現実ですよね。まわりの目も先のことも自分のことも。

滝沢：ごみ出しのルールって別に破っても厳しい罰則とかないんですよ。もちろん不法投棄とかは別ですけど。罰則がないから、このくらいならバレないだろうって、とんでもない人いるんですよ。粗大ごみで出した衣装ケースの中に鉄アレイ入れてる人とか。

新津：それはさすがにバレるでしょ。

滝沢：でもバレてもきっと「気づきませんでした」とか言うんですよ。気づかないわけないでしょ。ケースより何倍も重い鉄アレイが入ってるんですから。こうやって小さなルールを破る人は2個も3個もルールを破ると思うんですよ。

新津：そうですね、残念ながらちゃんと分別してなさそうって思ってしまいます。

滝沢：思いますよね！　衣装ケースと鉄アレイを分別できない人がペットボトルのラベルはがして容器洗ってから資源ごみに出してるとは思えないですもん。

新津：清掃も同じことが言えます。家の中は見えないですけど、玄関のドアやインターホンを見れば部屋がどれだけ汚れているか想像できます。

滝沢：すごいですね！　もう探偵の域じゃないですか。

新津：やっぱり表われるんですよ。細かい部分に。

滝沢：でもこれって、たんにごみ出しのルールとか掃除の方法とかじゃなくて考え方のような気がして。

新津：そうだと思います。ルールとか方法に縛られていると義務というか、やらされている感じがして楽しくないですよね。

滝沢：やっぱり最初は自分のためにするんだと思うけど、「自分のできることをやる」と、それが「誰かのためになっている」って考えるようになっていくとラクになるというか楽しくなる。

新津：清掃は本当に誰かの笑顔のためにやっていますね。言葉で「ありがとう」って言ってくれることは少ないんだけど、お客様の顔を見たらわかる。気持ちよく使ってくれてるなって。

滝沢：でも「ありがとう」って言ってほしいですよね。

新津：言ってほしい！

滝沢：これは僕も同じです！　みなさん、積極的に「ありがとう」と言いましょう！　あと、ごみのことを考えるようになったら人から「人の立場に立ってものを考えられるようになったな」って言われるようになったんですよ。昔は自分中心で、人の立場なんて考えもしなかったんですよ。とにかく安いものを食べて買って生活してたから。でもごみを回収していると大量に服が捨てられていたり、新米のシーズンに古米が手つかずで袋のまま捨てられたりしているのを見ると、やっぱり考えるようになる。服は安く売るために人件費の安い地域でつくられて、つくっている人たちの現状は悲惨だったり、世界だけでなく日本でも食べ物がなくて困っている人たちがいる中、食べられるものが捨てられていたりする……。そんなことを自分で調べるようになって、いろいろなことを考えるようになった。

新津：ごみを見るだけでいろいろなことが見えてくるんですね。自分も外出先などで、トイレとかなるべく汚さないように使おうと思うし、職場や家でも、ふだんと比べて清掃がおろそかになっているのを見ると、忙しいのかな？　精神的に疲れているのかな？　って感じることができる。

滝沢：探偵よりすごいじゃないですか！

新津：それでフォローしたりとか、声をかけたりすることができるようになります。

滝沢：めちゃくちゃ仕事できる人ですね。羽田空港を世界一清潔な空港にしてますもんね。

新津：いえいえ、確かに羽田空港は世界一清潔な空港に何度も選ばれていますが、私ひとりできれいにしたわけではなくて、清掃員一人ひとりが仕事に集中して、みんなが力を合わせて取り組んだ結果なんですよ。

滝沢：なるほど、みんなの総合力なんですね。確かに集中するってすごい力を発揮しますよね。「集中」といえば、最近思うことがあって「集中することで得られる幸福感」って話で、一つひとつ集中して達成することで「やったぞ！」って達成感が得られると感じていて、これって身近なことだと掃除やごみのことがいちばん簡単にできるかなって。

新津：達成感を得るには掃除はもってこいだと思いますよ。掃除って汚れを落としているとき集中して無心で作業できるんですよ。しかも今日はトイレをきれいにする！　と決めたらトイレを徹底的に掃除する。掃除が終わってきれいになれば達成感もあるけど、さらにものすごい幸福感があります。

滝沢：やっぱり！　なんでもかんでも全部やろうとすると散漫になっちゃうんだけど、ひとつのことに集中して取り組んだほうがいいと思うんですよ。

新津：全部を一度に掃除するのはたいへんだし考えただけでも面倒になるけど、場所を決めたり、目的を決めたりすると集中できるし、終わったあとの達成感も大きい気がします。

滝沢：掃除だとかごみの分別やごみ出しってある種、家庭内での修行みたいなところがあると思っていて、集中して達成することで気持ちよさに変わっていく気がするんです。

新津：掃除は「ひたすら自分と向き合う時間」ですからね。誰に見られるわけでもない、誰に指示されるわけでもない、相談しないで自分で決めて、自分のさじ加減できれいにしていく。これが修行かどうかはわからないけど。

滝沢：「道」かもしれない。「掃除道」なんて言葉のほうが修行よりしっくりくるかもしれませんね。

新津：それならわかります。みんながしている掃除が自分では「清掃」という職業になって、私はこの道で楽しんでいる。本当に自分で見つけた大切な道です。

滝沢：究極、掃除とごみのことを考えていくと幸せになっていきますよね。

新津：本人が今いるレベルの幸せになっていくと思います。まず幸せになる前の第一段階として「自分の気持ち」が変わります。そして、自分が変わっていかないとまわりは変わらない。「掃除は自分を変えるのにもってこい」だと思うんです。

滝沢：それは僕も思います。僕もごみを通じて本当に自分が変わって、人生が変わりましたから。

新津：「掃除で人生が変わる」なんて思いもしないと思うけど本当なんです。

滝沢：考え方だったり思いだったりしますからね。その思いは人に伝わって、人を動かしますしね。

新津：そう、だからこうして滝沢さんとも出会えたと思います。

滝沢：でも足りない。

新津：もっともっと仲間を増やさないと！　暮らしやすい社会をつくれない。

滝沢：こうして話していると一緒に何か新しいことをどんどんやりたいですよね。

新津：私も本当にそう思います！

滝沢：新津さんはやってみたいこと何かありますか？

新津：最近年配の方のお宅を清掃する機会が増えて、清掃の前にまずは廃棄から始まるんですね。必要なものと捨てていいものを分ける、でもそのときに分別まではなかなか手が回らないんですよ。

滝沢：古いものは表記がなかったりしますしね。

新津：そうなんです。だからって全部捨てるのはもったいない、まだまだ使えるものもあるし、お宝もあるかもしれない。でもお年寄りは分別がわからない。そういったものをまとめて回収したらいいと思うんです。

滝沢：使えるものは使いたい人にリサイクルして、資源は回収すれば、ごみも減らすことにつながりますしね。

新津：リサイクルに出した人もお金に変わったぶんはポイントがもらえるようにして、ポイントで福祉的なサービスを受けられるようにしたり。

滝沢：そうやっていろいろなものが連動して動いていくのはいいですよね！

新津：リサイクルショップの新しい形態ですね。

滝沢：最初に会ったときもリサイクルショップの話、しましたもんね。

新津：この本読んでいる人とか、まわりにそんな知り合いがいる人とか一緒にやりませんか？

滝沢：いいですよね！　仲間はたくさんいたほうがいいですからね。ポイントの仕組みとか我々だけじゃまったくわからないですからね。

新津：私たちの目的はとにかく「ごみを減らす」「きれいにしたい」だけですから。それに賛同してくれる仲間なら大歓迎ですよね。

滝沢：時代的になかなか明るい未来を想像しづらいですけど、新津さんと話していると、未来が楽しみになってきます。

新津：私も同じ気持ちです。あれ、今日、私、何回「同じ気持ちです」って言ってるんだろう？（笑）でもそのくらい滝沢さんの考えには共感できるし、同じ考えというか、目指している方向は同じだと思います。

滝沢：少しでも多くの人に届いて伝わってほしいですね！　楽しかったです。ありがとうございました。

新津：こちらこそ、ありがとうございました。

（了）

世界一《せかいいち》清潔《せいけつ》な空港《くうこう》の清掃人《せいそうにん》と
日本一《にほんいち》のごみ清掃員《せいそういん》をめざす芸人《げいにん》が見《み》つけた
「ごみと掃除《そうじ》と幸《しあわ》せな人生《じんせい》」

著　者――新津春子（にいつ・はるこ）
　　　　　滝沢秀一（たきざわ・しゅういち）

発行者――押鐘太陽

発行所――株式会社三笠書房
〒102-0072 東京都千代田区飯田橋3-3-1
電話：(03)5226-5734（営業部）
　　：(03)5226-5731（編集部）
https://www.mikasashobo.co.jp

印　刷――誠宏印刷

製　本――若林製本工場

ISBN978-4-8379-2992-5 C0030